历史这么有意思

讲历史的王老师 著

湖南文艺出版社
博集天卷

从上古到中古，从氏族到士族，中华文明的贵族时代。

自 序

这是一本历史科普读物，您能读到它，是我们的缘分，更是我的荣幸。

我是一名中学历史教师，任教已有10余年。"历史"一词的英文是"history"，拆分开来看是"Hi，Story"。我的一位数学老师朋友开玩笑说我是"嗨，故事老师"。这个称呼倒也没错，因为历史本来就是"故事"，即过去发生的事。所以，讲历史就是在讲故事。

从教10余年来，我一直在探索如何给学生讲好历史故事，也因此积累了许多有趣的历史知识。网络短视频兴起后，我把上课讲过的一些历史知识制作成短视频，上传到短视频平台。我讲的内容多是古人的日常生活，如古人上厕所用什么擦屁股、古代的一两银子相当于今天多少钱、古代的彩礼和嫁妆贵不贵等。也许是这些话题引起了大家的兴趣，相关短视频的累计播放量，也突破了亿级大关。

"古人生活"系列是想让读者通过了解古人生活的点滴片段，把握大历史的脉搏，力求见微知著。然而，在宏大而繁杂的中国历史框架下，这些细节虽能让读者感受到历史的外在魅力，却不易发掘出历史的内在线索。换句话说，满足兴趣尚可，系统认知还不够。在平时的工作与生活中，我也发现身边的人很渴于了解中国历史的发展脉络。比如我的一位语文老师同事，在为《曹刿论战》备课时，特地向我询问春秋时期贵族社会的特征。再比如我的一位朋友，在看电视剧《梦华录》时，兴趣盎然地向我了解宋朝的社会经济状况。综合这些原因，我萌生了写一部古代通史读物的想法，系统而通俗地介绍中国历史的发展脉络，便有了这部《历史这么有意思》。

坦率地讲，这部通史读物的撰写难度超出了我的预料。因为晚期智人踏上中国这片土地，距今已有数万年；即便从王朝兴起算起，距今也已四千余年。在如此漫长的时间中，人物和事件犹如恒河沙数。如何选择取舍，怎样贯串成线，用何种方式讲述，这些问题困扰了我许久。最后，我还是将创作思路回归到了我的职业上，从我的课堂中寻找灵感。反复思量之后，我确定了四点撰写原则。第一，以章回体为叙事结构，每篇独立成文，上下篇还要有内在联系，让读者像读故事一样读历史；第二，每一节的文字量不宜冗长，只讲一两个问题，10分钟就能读完，不给读者阅读压力；第三，语言风格与平时授课的风格接近，表述尽量口语化，让大家一读就懂；第四，确保历史知识的系统性与专业性，要让读者有真正的收获。简而言之，这部书既要生动有趣，更要专业、靠谱。

在撰写过程中，我也学习和参考了一些学术著作和论文。其中，朱绍侯老师的《中国古代史》和张帆老师的《中国古代简史》是我多年来经常使用的备课资料。另外，网络上的北大历史课堂实录音频，也让我受益匪浅。特别是阎步克老师文采飞扬的课堂讲解，让我收获了许多创作素材。

经过一年多的撰写，这部《历史这么有意思》终于和大家见面了。这部书从人类的起源和晚期智人到达中国讲起，一直讲到南北朝末期，总共60篇。实际上，这部书是古代通史的上半部，下半部日后再和大家见面。上半部之所以写到南北朝时期为止，一是为了和部编版中学历史教材的分期保持一致，二是为了上下两部篇幅的均衡。更为重要的一点在于，南北朝时期之后的中国历史是一个全新的发展阶段。日本学者内藤湖南先生在20世纪提出了著名的"唐宋变革论"，认为唐宋时代是中国中古历史的结束，也是近世历史的开始。在过往的历史学习中，我对这一观点深有体会。夏商周时期中国是典型的贵族社会，虽被秦朝终结，但两汉时期又形成了士族群体，并衍生出魏晋南北朝时期的士族门阀政治。无论是先秦的贵族还是汉代以后的士族，都是以血缘为纽带的贵族群体，社会发展皆以他们为主导。尽管其间有秦皇汉武的大一统尝试，但贵族政治的基本盘并未改变。从唐宋时期开始，贵族势力不可逆地走向了衰落。伴随而来的，是君主权力的不断强化，平民政治地位的提高，商品经济与城市的蓬勃发展，社会生活与文化艺术也更加世俗化。综合上述原因，本部书写到南北朝，下部书将从隋唐讲起。

本书的定位是历史科普读物，虽力求知识的专业性，并融入一些史学界的最新研究成果，但仍不可与学术著作同日而语。限于我的才学浅薄，书中难免会有不妥乃至错误之处，在此也恳请大家批评指正，以便日后修改。

最后，我还要特别感谢我曾经教过的学生们，正是他们在课堂上所展现出的热情活力与发散思维，才让我能够探索出更多的历史故事，也才有了这部读物。史学家钱穆先生曾说，"任何一国之国民，尤其是自称知识在水平线以上之国民，对其本国已往历史，应该略有所知"，同时，还要带着一种"温情与敬意"。希望我的这本小书，能给大家带来乐趣与思考，能帮助大家对本国历史"略有所知"，能够产生对本国历史的"温情与敬意"。

2022年6月1日写于家中

目 录

原始社会篇

01 神创理论不靠谱
晚期智人起非洲
014 **人类的起源**

02 吃烤肉大脑发育
勤思考认知革命
018 **人类的进化**

03 性格差异基因定
一切缘起旧石器
022 **旧石器时代**

04 农业文明新石器
多元一体华夏生
026 **新石器时代**

05 兄妹结婚氏族制
私有财产成家庭
030 **氏族社会**

06 海纳百川铸中华
炎黄传说龙图腾
034 **炎黄的传说**

07 天下为公禅让制
尧被幽囚舜野死
038 **氏族社会的结束**

夏商周篇

08 治水国家建夏朝
传说遗址二里头
044 **夏朝的建立**

09 天子无道也下岗
改朝换代汤灭夏
048 **商汤灭夏**

10 放太甲伊尹主政
九世乱盘庚迁殷
052 **盘庚迁殷**

007

11 056	信鬼神乌龟算卦 刻甲骨文字初现 **甲骨文**	**17** 080	勿忘在莒成大器 霸业如梦一场戏 **春秋五霸（上）**
12 060	耕西北周人崛起 入中原武王伐纣 **武王伐纣**	**18** 084	秦穆公与狼共舞 宋襄公傻帽贵族 **春秋五霸（下）**
13 064	血缘远近看宗法 分封天下建诸侯 **分封制与宗法制**	**19** 088	淘汰赛战国七雄 铁器现变法图强 **战国的到来**
14 068	等级有别心和同 华夏正统礼乐制 **井田制与礼乐制**	**20** 092	中央集权一人治 商鞅变法秦逆袭 **商鞅变法**
15 072	烽火没有戏诸侯 岳丈一怒亡西周 **西周的结束**	**21** 096	连横合纵斗百年 长平之战到终场 **战国的局势**
16 076	坑爹死平王东迁 天子凉诸侯雄起 **东周的开始**	**22** 100	扫六合大秦一统 成帝业战国曲终 **秦灭六国**
		23 104	大成至圣孔夫子 仁者无敌爱无疆 **孔子**

24 / 108　轴心时代有诸子
儒墨道法领百家
百家争鸣（上）

25 / 112　法家学说铸秦制
诸子百家照万代
百家争鸣（下）

26 / 116　文明肇始夏商周
九个青铜是王者
青铜器

秦汉篇

27 / 122　周秦之变大统一
中央集权秦始皇
秦制

28 / 126　书同文后车同轨
暴政刑罚似虎狼
秦的暴政

29 / 130　求仙炼丹得谶语
亡秦者也大泽乡
大泽乡起义

30 / 134　二世而亡天下乱
霸王遇上老流氓
刘邦与项羽

31 / 138　非张楚不能灭秦
非承秦不能立汉
西汉的建立

32 / 142　黄老之学不折腾
文景之治承太平
文景之治

33 / 146　金屋藏娇汉武帝
霸道奶奶窦太后
汉武帝即位

34 / 150　削弱王国行推恩
监察郡县设刺史
推恩令与刺史制度

35 / 154　游牧文明有狼人
稳住匈奴靠和亲
匈奴的崛起

36 / 158　出使西域联月氏
老婆孩子全带跑
张骞通西域

37 / 162	异域风情很摇摆 丝绸之路能开疆 **丝绸之路**	43 / 186	理想主义数王莽 复古改制乌托邦 **王莽改制**
38 / 166	盐铁官营割韭菜 均输平准中间商 **汉武帝的 经济政策**	44 / 190	绿林赤眉亡新莽 光武中兴续东汉 **光武中兴**
39 / 170	外儒内法董仲舒 独尊儒术罢百家 **罢黜百家， 独尊儒术**	45 / 194	明章之治引佛教 外戚宦官专政忙 **宦官与外戚**
40 / 174	动乱暗涌巫蛊祸 轮台罪己免秦亡 **汉武帝的晚年**	46 / 198	搞宫斗蔡伦造纸 为清议士人党锢 **党锢之祸**
41 / 178	立子杀母托霍光 昭宣中兴回守成 **昭宣中兴**	47 / 202	灵帝卖官能打折 黄巾起义敲丧钟 **黄巾起义**
42 / 182	元成哀平多奇葩 异姓受命汉要亡 **西汉后期的政治**	48 / 206	秉笔直书太史令 史家绝唱司马迁 **司马迁与《史记》**
		49 / 210	经学兴起累世家 华佗编创五禽戏 **两汉的文化 与科技**

三国两晋南北朝篇

50 / 216
设州牧军阀割据
举孝廉乱世奸雄
曹操的崛起

51 / 220
官渡之战定北方
中年男人心慌慌
官渡之战

52 / 224
战赤壁三分天下
笼士族九品中正
三国鼎立

53 / 228
西晋统一质量低
羊车选妃兴致高
西晋的建立

54 / 232
傻皇帝八王之乱
亡西晋五胡乱华
八王之乱

55 / 236
东晋立国王与马
门阀政治到江东
东晋的建立

56 / 240
续文明衣冠南渡
大开发南北平衡
东晋与南朝

57 / 244
五胡纷争十六国
前秦淝水跑得快
五胡十六国

58 / 248
拓跋魏统一北方
孝文帝汉化改革
北魏的统治

59 / 252
六镇之乱分北魏
关陇集团起武川
东魏与西魏

60 / 256
放飞自我修玄学
魏晋士人有风度
魏晋南北朝的文化与科技

原始社会篇

本篇主要讲述中国原始社会时期的历史。原始社会是人类社会的第一个发展阶段,是指阶级和国家产生之前的社会。

从第一批原始人类出现在中国,到早期国家的出现,中国的原始社会经历了一百多万年的时间。以农业的出现为分界线,原始社会分为旧石器时代和新石器时代两个时期。

在旧石器时代,先后有多批原始人类出现在中国境内,已知最早的是距今约170万年的元谋人。大约在3万年前,晚期智人出现在中国。他们最终淘汰了其他原始人类,成了这片土地的主宰。晚期智人不断进化,生存技能也不断提升。慢慢地,他们制造出了更高级的打磨工具,懂得了农业生产,还学会了烧制陶器和建造房屋。对这些技能的掌握,使他们在大约1万年前进入了新石器时代。

新石器文明遗址广泛分布于中国各地，犹如满天星斗。

新石器时代，相对充足的食物和定居生活让人类的繁育速度加快，人口数量也越来越多。原始人群根据血缘关系生活在一起，形成了氏族部落。随着部落数量的增多和规模的扩大，相邻部落之间的交流日益密切。逐渐地，数个相邻部落联合在一起，形成了部落联盟。月明星稀，中原地区的炎黄部落联盟最终胜出。大约在4000年前，中原地区出现了早期国家，原始社会随之结束。

原始社会时期是中华文明的孕育时期，中华文明多元一体的特性，也在这一时期铸就。

01

神创理论不靠谱
晚期智人起非洲

人类的起源

浩瀚宇宙，如同无际大漠。我们生活的地球，只是大漠中的一粒沙。约46亿年前，这粒沙诞生；约40亿年前，这粒沙上出现了最早的生命。我们人类的出现，只是这粒沙上最近几百万年的事。那么，我们人类是从哪里来的？是如何产生的？

关于人类的起源，我们的祖先很早就开始思考了。在近代自然科学产生前，人们普遍用"神创论"来解释这个问题。《旧约圣经》开篇是《创世记》，讲述的是神创造世界的故事。神用了5天时间先后创造了昼夜、空气、陆地和海洋、日月星辰、鱼和飞鸟。第6天，神按照自己的样子创造了人，让人来管理世间万物。神用6天创造了世界，第7天累了，就休息了一天，因此一周有7天。伊斯兰教的神创论中，真主安拉用泥土创造了人。佛教信仰因果轮回，认为人是从"光音天"飞下来的，轮回到了人间。

我们中华文明也有自己的神创论，流传最广的是女娲造人说。女娲爱玩泥巴，照着自己的形状，用黄土和泥来捏人。她想捏出一个世界，无奈手速太慢。于是，女娲将绳子放在泥水里搅和，然后向空中甩，摔下的泥点也变成了人。手工捏出来的人变成了"富人"，而绳子甩出来的人变成了"穷人"。

诸如此类的神创论，在过去的几千年里，一直是人类对于自身起源的朴素认知。直到100多年前，一位伟大的英国生物学家科学地解开了人类起源的谜题，他就是查理·达尔文（Charles Darwin）。达尔文的进化论①认为，所有生物物种由少数共同祖先进化而来，经过长时间的变异、遗传和自然选择，适应的物种留了下来，不适应的物种就灭绝了，正所谓"物竞天择，适者生存"。我们人类也不例外，是由非洲的古猿（南方古猿）进化而来的。

非洲的古猿先后进化出三种人类。最先进化出的是能人，约200万到180万年前，他们诞生于非洲东部。拉丁语中，能人是"*Homo habilis*"，意为"手巧之人"。他们的双手可以制造和使用工具，这是人和动物的根本区别。后来能人灭绝了，非洲的古猿又进化出一种"升级版"的人类——直立人。直立人的四肢已经很像现代人了，但容貌上还保留着猿的特征：粗眉毛，没脑门，大牙外露没下巴，扁塌鼻子还拱嘴。这形象放在现代人群里，大家肯定会被吓得半死。因为能人和直立人还很接近猿，所以科学家称他们为"猿人"。能人属于早期猿人，直立人属于晚期猿人。

"世界那么大，我想去看看。"直立人充满了对远方的好奇，他们走出了非洲，来到世界其他地方。数万年后，他们中的一支出现于中国。也就是我国境内目前已确认的最早古人类——元谋人。1965年，他们的两颗牙齿化石在云南元谋被发现；同时被发现的，还有17件石制工具。根据"古地磁学"②技术的测定，元谋人生活在约170万年前。

在元谋人之后，一批又一批的非洲"直立人移民"出现于中国。大约在70万到23万年前，其中的一支出现于今天的北京地区，生活在周口店龙骨山的山洞里，他们就是著名的北京人（北京猿人）。北京人很喜欢这片土地，在这里生活了很久，留下了40多米厚的遗址堆积层。1921年，瑞典考古学家约翰·安特生（Johan Andersson）发现了这处遗址。

---

① 最早提出生物进化学说的人是法国博物学家拉马克（Jean Baptiste Lamarck，1744—1829），达尔文的《物种起源》奠定了进化论的科学基础，在这本书中，达尔文多次引用拉马克的著作。

② 地球存在着巨大的磁场，但地球磁场的磁北极和磁南极每隔一段时间就会发生倒转。在某个时期形成的地层土壤和岩石，会带有那个时期特定磁场方向的特点。地质学家根据地磁学，再结合这一地层的动植物化石的情况，就能大致确定该地层的距今时间。

1929年，中国考古学者裴文中在这里发现了一枚完整的头盖骨化石，让北京人名震世界。可惜，这枚化石在抗日战争期间丢失了。

由于北京人太过著名，很多国人将北京人视为祖先，对他们充满景仰、崇拜之情。但现实可能并非如此。大约25万年前，比直立人更为高级的早期智人在非洲进化出来。大约5万年前，早期智人进化成了"终极人类"——晚期智人。晚期智人迁徙到世界各地，由于生活环境不同，逐渐分化成黑、白、黄三色人种。大约在3万年前，晚期智人出现于中国。在这片希望的田野上，他们遇到了先前来到这里的"非洲老乡"——北京人。老乡见老乡，没有两眼泪汪汪，只有你死我活的伤害。物竞天择，适者生存，进化就是这么残酷。最终，晚期智人赢了，成为这片土地的新主人，成为我们的直系祖先。

不管你是否愿意相信，但科学就是科学。晚期智人在中国这片神奇的土地上扎根繁衍，创造出了灿烂的中华文明。薪火相传，从未中断。

人类起源于非洲的假说，最早可追溯到1871年出版的达尔文的著作《人类的由来》

02

吃烤肉大脑发育
勤思考认知革命

人类的进化

关于人类起源的问题，当前学界有两种观点。主流观点认为，现代人类都起源于非洲，这叫"人类非洲起源说"。同时，也有少数学者仍然坚持"人类多地起源说"，比如有些中国学者就坚信中国人是在本土独立起源和进化出来的。他们的主要依据是中国境内有完整、不断续的古人类化石链。可是，"人类非洲起源说"不仅有化石证据，还有更可信的DNA（脱氧核糖核酸）证据。

DNA技术兴起后，科学家开始利用人类的基因组和遗传信息来探寻人类起源、民族演化等诸多人类学问题。这种将DNA技术和人类学相结合的新兴学科，叫作"分子人类学"。1987年，英国《自然》杂志发表了一项重磅研究成果：研究人员选择了世界各地的147名妇女，从她们生育的婴儿胎盘细胞中提取出线粒体DNA并进行分析。最后发现，这些人的祖先都能追溯到一位"始祖奶奶"，她生活在大约20万年前的非洲。这位非洲老奶奶是晚期智人中的祖先，也是我们当今全世界人类的共同祖先。今天，科学家已经复原了她众多后代走向世界的迁徙路线。可以说，"人类非洲起源说"具有确凿的科学证据。

我国境内的早期人类，除元谋人和北京猿人外，还有重庆巫山人、陕西蓝田人等。他们广泛分布于中国的大江南北，多集中在大河流域。其中，巫山人甚至可能比元谋人出现得还要早，距今可能有200万年了。但巫山人的年代和人类属性问题在学界还存在争议，所以我国境内目前已确认的最早古人类还是元谋人。不管是什么人，反正他们最后都被晚期智人所取代了。那么，晚期智人何德何能，能够在漫长而残酷的进化史中笑到最后呢？

科学研究证明，晚期智人之所以能够笑到最后，在于他们拥有两个"进化加速剂"：一个是火，另一个是脑子。

其实直立人已经能使用火了，这是他们比能人更高级的地方。在元谋人的遗址中，发现了用火烧过的骨头；北京人居住过的山洞里，甚至有厚达6米的燃烧灰烬层。这说明北京人不仅能使用火，还会注意保留火种，让火一直燃烧，以至于烧出那么厚的灰烬层。科学家推断，他们应该是在自然界中偶然得到了天然火，比如说闪电击中树木后燃烧的火焰，或者自然界中的自燃现象，甚至有可能是陨石撞击地球后引发的熊熊大火。

在人类的进化过程中，使用火的意义并不亚于使用工具。想必在国内受过义务教育的人，人生的第一节历史课上，都曾听历史老师讲述原始人使用火的好处。火能够取暖，原始人的山洞会暖烘烘的；火能够照明，原始人可以应对漆黑的夜晚了。更神奇的是，自然界的其他动物基本都怕火，只有人类不怕，所以还可以用火驱赶野兽，保证家园的安全。当然，原始人还能用火烤肉，与茹毛饮血吃生肉相比，那味道别提有多好了。

实际上，火之于人类进化所起的最大作用，还真是吃烤肉——并不是为了满足肠胃，而是为了满足大脑。吃熟肉，能够让原始人吸收更多的蛋白质和能量，从而加快脑的发育与进化。脑容量的增加，提高了原始人的智商。越是后期的原始人，脑容量就越大，就越聪明，这才是进化的本质差异。南方古猿的脑容量只有450～530毫升，直立人则有1000毫升左右，而智人的脑容量在1300毫升以上。从古猿到智人，存在着从罐装可乐到大瓶装可乐的脑容量差距。正是这种脑容量差距所带来的智商差距，让我们的智人祖先战胜了其他种类的原始人，最终主宰了地球。

其实智人也分很多个群体，有的聪明，有的不那么聪明。智人之间的进化竞争更为残酷，因为他们更聪明、手段更多，输了的话，下场也

从一块烤肉开始,人类拉开了主宰地球的序幕

会更惨。如果"拼"智商失败，就很可能被灭掉。大约在35万年前，欧洲生活着一群尼安德特人[①]，他们也是智人中的一种。动画电影《疯狂原始人》里的人物原型就是尼安德特人。他们的脑容量与我们的智人祖先不相上下，甚至身体还更为强壮。可是，尼安德特人有脑子却不会用，他们不善于思考，最后输给了"狡猾"的晚期智人。

晚期智人能够用大脑进行更为复杂的思考。依靠思考能力，智人可以制造更复杂、更先进的工具，能够使用复杂语言传达更准确的信息，能组织更大规模的集体行动。这种用脑子思考带来的巨大变化，是一场革命性的变化，以色列历史学家尤瓦尔·赫拉利（Yuval Harari）称之为"认知革命"。这种认知革命，正是包括尼安德特人在内的其他原始人所没有的。所以，晚期智人尽管在体力上不占优势，如果仅凭单打独斗，他们早就被黑猩猩"手撕"，或者被剑齿虎吞食，甚至可能被尼安德特人干掉。但经过"认知革命"，晚期智人能够组织出150人左右的战斗团体，能够制订和执行更复杂的作战计划，能够使用更先进的武器，能够捕杀绝大多数凶猛动物。最终，晚期智人用脑子战胜甚至灭绝了其他原始人类，其中就包括尼安德特人。分子人类学显示，非洲以外的现代人大约有2%的DNA片段与尼安德特人有关。这说明晚期智人走出非洲后，与尼安德特人相遇了，彼此"相爱相杀"了上万年，甚至还存在交配活动。然而，由于用脑的巨大差距，尼安德特人最后被晚期智人"团灭"，变成了仅留存在我们现代人基因中2%的那一部分。

"脑子谁都有，看你用不用"，这句话用在人类进化的历史中再合适不过。小伙伴今后要记住：平时要多吃肉，要多用脑子勤思考。脑子一旦锈住，我们人类就会被历史"吃掉"。

---

① 尼安德特人（*Homo neanderthalensis*，简称"尼人"），是生存于旧石器时代的史前人类，早期智人的一种，在约35万年前进化出来。1856年，其遗迹首先在德国尼安德特河谷附近的洞穴被发现。DNA测定表明，这是一批与现代人独立进化的分支，约在3万年前灭绝。

03

性格差异基因定
一切缘起旧石器

旧石器时代

能够制造和使用工具是人和动物的根本区别。然而，人类在不同发展阶段所使用的工具，技术上存在着巨大差距。手里握着的，从石块到手机，发明使用的，从弓箭到火箭，技术的差距让我们古今人类的生存状态与社会面貌形成天壤之别。从能人到现代人类，根据使用工具的不同，我们可将这二三百万年的时间划分成若干个发展阶段。由低到高依次是：旧石器时代，新石器时代，青铜时代，铁器时代，蒸汽时代，电气时代和信息时代。

在这6个发展阶段里，旧石器时代的时间最长，从二三百万年前一直持续到约1万年以前。如果将人类的历史比作一天，那么，除了这一天的最后5分钟外，人类一直处于旧石器时代。在我国境内，除前面提到的元谋人、北京人、巫山人、蓝田人外，我国还有北京的山顶洞人、广西的柳江人、内蒙古的河套人、吉林的榆树人等，都是旧石器时代人类的代表。大江南北、长城内外，遍布旧石器时代人类的足迹。那么，他们的生活状态是怎样的呢？

最初，旧石器时代的人们没有房屋，他们大多居住在山洞里，也有的住在树上搭建的巢居里。后来，原始人学会用木材和兽皮搭建简易的棚屋作为住所，比较简陋。原始人往往是几十个人生活在一起，以血缘为纽带，过着群居生活。他们不是今天这样的三口人家，而是一个大家族聚在一起生活。

太阳升起，原始人睡醒了。他们要整理自己的工具，准备出去觅食。人类最早的工具都是就地取材制成的。自然界常见的材料中，石头最为坚硬。最初，原始人用石块砸死动物后吃肉。后来，原始人把石块打磨加工成石制工具。所谓"旧石器"，就是打制石器，比较粗糙。具体方法就是用石块互相锤击、砸碰，使石块碎裂，然后拾取边缘锋利的碎块当作工具。常见的旧石器有砍砸器、刮削器、尖状器三大类。砍砸器主要用于砍砸猎物和树木、砸坚果、挖野菜等工作，作用类似今天的斧子和铲子；刮削器主要用于给果实去皮，或者剥去所捕获的动物的皮，以及分割食物，作用类似小刀；尖状器主要用于挖掘和穿刺，作用类似锥子。旧石器时代也有木器和骨器，还有石器和木器结合的复合工具。比如将锋利石块绑在木棒上，用起来很省力。然而，木器和骨器并不耐用，时间长了还容易腐烂，不易被考古者发现。所以，"石器时代"是最合理的称呼。

准备好工具后，原始人就要出去觅食了，这是他们生活中最重要的事。旧石器时代原始人觅食的方式主要有两种：一是采集，二是狩猎。一般来说，女人负责采集，采集果子；男人负责狩猎，猎杀动物。人类最早的职业就是这两种——男人都是猎人，女人都是采摘工。这种分工持续了上百万年，深刻地影响了男人和女人基因的遗传，造就了今天男女之间迥异的性格。

比如男人偏沉默，女人则爱交流。这是因为在旧石器时代，男人们负责狩猎，需要精神专注——埋伏时不能有任何声音，否则猎物便跑了。久而久之，专注和寡言成了男人的习惯。女人就不同了，采集工作可以边采集边聊天。"姐妹们快看，这儿有一片果子，一定很好吃！""你看，我摘到了一个大的！""你那个大但不一定好吃，一定要选红色的，那才是熟透了的！"就这样，女人在采集时形成了活泼、爱交流的性格。还有，女人一般比较挑剔，尤其是逛商场的时候，这可能也是旧石器时代采集工作造就的。现在的商场，实际上就是女人当年的采集场，当年采果子要精挑细选，现在买东西要货比三家；男人就不然，看到喜欢的东西就会果断出手。因为当年男人狩猎，只要看见猎物，就要果断出击，没有太多选择的余地。再比如，男人狩猎需要使用工具，今天的男人也对工具和器械一类的东西有很大兴趣。男人爆发力强，喜欢运动，这也跟当年的狩猎行为有关。诸如此类的男女差异，小伙伴们在生活中还能找到许多。这些都是旧石器时代的岁月烙印，给人类留下了深刻的遗传记忆。

食物找好之后，原始人会将食物平均分配。原始人的胃口一定要好，有食物时要吃到撑，没食物时要扛得住，挨饿是常态。原始人的身体状况远不如现代人，平均寿命只有十四五岁。旧石器时代的人们没有过上定居生活，当在一个地方生活久了，这个地方的动植物资源会趋于枯竭。这时候，原始人群就会迁徙到新的地方生活。说走就走，漂泊不定，是原始人生活的常态。

闲暇时，原始人会在山洞的岩壁上进行绘画创作，由此产生了最早的艺术。法国的肖维岩洞的壁画，距今已有3万多年，原始人用红赭石和木炭等颜料创作。旧石器时代的生活虽然原始，却也快活自在。就这样，人类在岁月中慢慢进化着。不知不觉，时间流逝了两三百万年。

洞穴壁画——走进原始人的画廊

04

农业文明新石器
多元一体华夏生

新石器时代

岁月悠悠，进化不易。在二三百万年前的旧石器时代里，人类对自然的认知，会在一些偶然的意外收获中获得跨越式的发展。慢慢地，这些意外收获将人类带入了一个新的文明发展阶段。

原始人狩猎时，偶尔会猎获到一些活物。一次吃不完，就把剩下的活物圈养起来。忽然有一天，原始人惊喜地发现：猎物自己变多了！原来，动物也和人一样，可以交配，可以生小动物。就这样，原始人"解锁"了一项新技能——饲养。又有的时候，原始人将采集回来的植物果实堆放在地上，果实种子偶然落在土里；突然有一天，原始人又惊喜地发现：地上居然长了新的植物，而且结出的果实和原来堆放的果实一样！就这样，原始人又"解锁"了一项新技能——种植。这些新技能的掌握，听起来很偶然，背后却凝结着原始人上万年的实践与思考。从狩猎到饲养，从采集到种植，这是人类划时代的进步，被称为"农业革命"，此后，人类文明进入了新石器时代。

新石器时代，人类有三大成就。除了农业革命外，一个是新石器工具，一个是陶器制作技术，这三大成就相辅相成。农业生产需要更先进的生产工具，所以有了新石器。收获的粮食需要蒸煮后食用，所以又有了陶器。所谓新石器，是在打制石器的基础上再加工，融入磨制或钻孔技术，制造出的工具更加锋利，功能也更多；常见的新石器有斧、凿、刀、镰、犁、矛等。至于陶器制作，可能也是原始人的意外收获——原始人用火的时候，发现被火烧过的土地会变得异常坚硬。原始人受到了启发，用泥土做成盆盆罐罐，然后再用火烧硬，这样就发明了陶器制作技术。

农业革命使原始人的食物来源得到了保证，原始人不需要再为食物东奔西走，人口数量也变多了。农业生产还需要在固定区域进行，人类开始了定居生活。原始人走出洞穴，开始建造房屋，更多的亲戚群居在一起，形成了类似小村子的聚落。陶器的出现，也证明定居生活出现了，因为易碎的陶器在迁徙的生活中实在"伤不起"。

大约1万年前，中国大地也进入新石器时代。我国的新石器文化遗址遍布全国，有1万多处。它们多分布在江河附近，因为那些地方靠近水源，更适合发展农业。这些遗址中，出土器物的特点比较相近的，会被考古学家划归为一个文化类型。代表性的有黄河中上游地区的仰韶文化、黄河下游地区的大汶口文化、长江中下游地区的良渚文化、辽河上游地区的红山文化。大江南北，长城内外，皆有分布。

这些文化类型之间有着明显的差异，特别是南北方的地域差异。比如建造房屋方面，仰韶文化的半坡遗址，房屋一半建在地下，一半建在地上，称为"半地穴式房屋"。因为半坡遗址地处陕西西安，这里冬季寒冷，半地穴式房屋可有效保暖。良渚文化的河姆渡遗址地处温暖湿润的浙江余姚，尽管与半坡遗址为同一时期，但房屋类型大不相同。河姆渡人的房屋建在若干高出地面的木桩之上，称为"干栏式房屋"。这种房屋可以有效防水防潮，夏天还便于通风。在农业种植方面，河姆渡人种植水稻，南方人吃米饭的七千年历史由此开始。北方的半坡没有那么湿润，人们种植较为耐旱的粟，即"谷子"，去掉壳就是小米。此后数千年，北方人一直以粟为主食。民以食为天，粟关系到国计民生，"江山社稷"中"稷"，便是指粟。

旧石器时代的人类寿命较短，大多只有十四五岁，活不过"初中"阶段。到了新石器时代，人类平均寿命提高到了20岁左右，能活到"大学"阶段了。寿命的提高，生活的安定，使人们有了更多的闲暇时间去思考人生，去探寻生活中的美，艺术迅速发展起来。以陶器为例，早期陶器只具有使用功能，后来的陶器就很好看，且具有艺术价值。仰韶文

迈向新石器时代——走出洞穴，建造房屋

化的彩陶，绘有人面鱼纹，这是简单质朴的美；龙山文化（源自大汶口文化）的黑陶，颜色深沉，宁静致远，让人们感到心灵被震撼，这是深刻而高雅的美。

中国各地的新石器文化，虽有差异，却也不是互不相关。在多元化的表象深处，各文化中还蕴含着共性的文明基因。比如祖先崇拜，在仰韶文化的龙岗寺遗址中，150个祭祀坑分布在168座墓葬周围，所有祖先都是被崇拜的对象。在红山文化的牛河梁遗址中，地势最高的地方是祭坛和神庙，周围也埋葬着祖先。直到今天，祖先崇拜依旧写在我们民族的文化基因里。西方人遇到重大事情时，多向上帝祷告，而我们中国人则是上坟烧纸祭祀祖先，以求保佑。再比如玉器文化，中国的新石器文化遗址几乎都出土了玉器，最著名的是红山文化的"玉猪龙"。到了后期，这些玉器的形制还特别相似，比如各地的玉琮，好像都是从良渚文化的玉琮复制而来的。这种"玉器情结"，是人类其他早期文明没有的。费孝通先生曾经说过，中国的玉器文化"是西方文化中未见而是中华文明所独有的"。

中国各地的新石器文化呈现出多元一体的特点。这种"一体"并非巧合，而是源于彼此广泛而深入的交流。交流中，它们共同编织出一张文化大网，覆盖了从东北旷野到中原沃土，再到烟雨江南的广袤中国大地。慢慢地，华夏文明在众星捧月中冉冉升起。

05

兄妹结婚氏族制
私有财产成家庭

氏族社会

前面讲过创世神话,它们属于神话传说的范畴,绝不可当作信史。然而,神话传说中也有一些成分,折射出人类的早期记忆,可以帮助我们推测上古社会的真实状况。比如,女娲和伏羲的传说故事,就能体现出原始社会的婚姻状态。婚姻状态是社会发展形态的表现,关系到家庭和私有制的产生,体现了社会的发展和进步。本篇,我们来介绍人类早期婚姻制度的演进。

相传,伏羲和女娲是一对兄妹。当时,人间暴发了大洪水,其他人都被淹死了。只有他们兄妹二人躲在了一个巨大的葫芦里,得以幸存。伏羲看到世间只剩下他和妹妹,担心人类会因此灭绝。为了延续人类文明,他萌生了和妹妹繁育后代的想法。伏羲多少有些不好意思,就和妹妹商定:"我们听从天意吧!我去东岸山,你去西岸山,各自点燃篝火,向天放烟。如果天意让你我婚配,则烟合;若上天不许,则烟散。"妹妹表示同意。篝火点燃后,两股烟雾徐徐升空,形似交尾蛇,合拢飞入云霄。兄妹二人顺从天意,遂以蓝天作帐,以大地为床,结为夫妻,创造人类,延续文明。

伏羲和女娲的故事,从汉朝起就存在了。以今人的角度看,二人结为夫妻显然违背伦理。然而,这种婚姻状态在原始社会很常见。原始人以血缘为纽带群居在一起,形成一个个氏族。氏族成员有共同的祖先,彼此都是亲戚;氏族内部没有婚姻,也没有家庭。起初的时候,原始人没有固定的夫妻和家庭。氏族内实行一种叫作"血族群婚制"的婚姻制度，即血缘氏族内部实行群体婚配。但有一个要求，必须是平辈之间，即兄弟姐妹之间进行婚配。伏羲和女娲的特殊关系，实际上就是血族群婚制度的反映。

氏族内进行婚配，有时候会出现"僧多粥少"的情况。兄弟之间争夺姐妹，或者姐妹之间争夺兄弟，可能会不和谐。为了有效补充"异性资源"，原始人偶尔会去别的氏族抢女人，这样便产生了抢婚制度。抢婚多在黄昏时进行，因为天色昏暗有利于隐蔽。中国古代的婚礼多是在下午举行，这便体现了原始社会抢婚制度的烙印。实际上，"婚"就是"昏"的通假字。古人迎亲时，新娘要蒙上红盖头，这也深受抢婚制度的影响：防止抢回来的女人记住回家的路，类似于绑匪给人质戴头套。抢婚制度让原始人有了意外收获，抢回来的女人生下的孩子都很健康，而血族群婚生下的孩子常伴有脑残或身残。原始人明白了：血族群婚可能导致后代畸形。就这样，人类婚姻制度进化到了第二个阶段——族外群婚。两个氏族商量好，彼此互派人员通婚，不必再抢。那派男人出去还是派女人出去呢？当然是派男人去，因为女人能生育，要留在氏族以添丁进口。

无论是血族群婚，还是族外群婚，一个女子都可以和多个男子婚配。生下来的孩子并不知道自己的父亲是谁。这种只知其母、不知其父的血缘社会，叫作母系氏族社会。旧石器时代晚期，人类就进入了母系氏族社会，并形成一个个母系氏族公社。公社内，女性的地位高于男性，大家会有一个共同的"祖姥姥"作为首领。在仰韶文化的半坡遗址中，聚落中心最大的房子，就是"祖姥姥"的住所，也是召集氏族议事的地方。考古发现，母系氏族社会的墓葬大多是男女分开集体埋葬的，女性墓葬的规格更高一些，随葬品也更多。这说明当时没有家庭，也说明女性的地位高于男性。

人是有感情的动物，群婚的众多丈夫之中，总有那么一个心上人，会让女子产生"一同看日出"的同居想法。慢慢地，人类婚姻进入了第三个阶段——对偶婚。在对偶婚下，女子有一个相对固定的主夫。主夫可以在女子的氏族中生活，但死后仍要归葬于原来的氏族。那时的男

反映了母系氏族特征的女娲造人神话,并非空穴来风

人，就像生育工具一样，是母系氏族社会的配角。直到进入新石器时代后，农业产生，男人"逆袭"了。

农业生产需要体力，男人的优势越来越明显，社会地位也逐渐提高。到了新石器时代晚期，母系氏族社会让位于父系氏族社会，对偶婚下的"从妻而居"变成"从夫而居"。随着生产力的发展，剩余产品越来越多。大家都想将剩余产品占为己有，私有制随之产生。为了保护私有财产，家庭也随之产生。因为私有财产需要留给子孙后代继承，这就要求必须有固定而清晰的夫妻关系，以便子女继承家庭财产。就这样，人类的婚姻制度进入了最后一个阶段——一夫一妻制。考古发现显示，新石器时代后期的墓葬，出现了大量的男女双人合葬墓。不同墓中的随葬品数量，也出现了明显的分化。这说明私有制产生后，家庭出现了，且家庭间的贫富差距在不断扩大。人类告别了"有饭一起吃"的公有制时代，慢慢进入贫富有别的阶级社会。

新石器时代晚期，生产力水平提高，私有制产生，婚姻与家庭出现，人类的繁育速度加快。更多的氏族在中华大地出现，氏族之间的交流也愈加频繁。几个血缘相近的氏族走向了联合，形成了部落。多个部落又联合在一起，形成了规模更大的部落联盟。在中华大地的诸多部落联盟中，黄河流域的炎黄部落联盟最后脱颖而出，开启了中华文明的传说时代。

06

海纳百川铸中华
炎黄传说龙图腾

炎黄的传说

在文字出现以前，没有"历史"的记录，历史流传多是靠口耳相传。在口耳相传的过程中，多会有夸大其词、张冠李戴，甚至添油加醋的内容。所以，文字出现前的"历史"并非完全可靠的信史，史学界称其为"古史传说"。中国的古史传说时代，核心是三皇五帝。

三皇是哪三个人？有很多种说法。入围的人物有：教人结网、驯服鸟兽的伏羲氏，教人播种五谷的神农氏，教人钻木取火的燧人氏，教人在树上建巢为居的有巢氏，等等。可以看出，这些人物都有超凡的能力，教会了人们很多生活的技能。实际上，这些技能都是原始人在长期生活中不断积累和完善而来的，不可能是某个人的功劳。所以，三皇在真实历史中可能并不存在，只是后人将集体智慧集中附会到一个英雄人物身上罢了。像这样神化出来的英雄，能让后人产生对祖先的崇拜之情，起到凝聚人心的作用。

关于五帝的名称，说法相对固定。根据《史记》的记载，有黄帝、颛顼、帝喾、帝尧、帝舜五人。五帝中，黄帝的影响力最大。黄帝姓姬（一说姓公孙），号轩辕氏，他本是一个父系氏族部落的首领，这个部落的人都姓姬，因为他们生活在黄河中上游的姬水附近。离姬水不远的地方，还有一条姜水。这里生活着一个姜姓部落，首领是炎帝。可以看出，上古时期的姓，多以生活区域的江河来命名。同一个姓的人，生活在同一个部落，有着共同的祖先，所谓"姓者，统其祖考之所出"。实际上，姓就是一个氏族部落的族号。如果再仔细观察，还能发现：姬和姜这两个姓里都有"女"字。这是因为人类最早的氏族都是母系氏族，女性地位高，所以姓中常常带有"女"字。上古八大姓"姬""姜""姒""嬴""妘""妫""姚""姞"，无一例外。后来，随着生产力的发展，部落人口大量增加。慢慢地，一个部落住不了这么多人了，有的家庭便会脱离，独立门户单过。他们独立出去后，还会保留原来的姓，但为了加以区分，便会给自己再定一个"氏"。一般来说，能出去独立、出去单过的家庭都是比较有实力的。所以，有氏的家庭，多是贵族。姓和氏，就是古代人的"基因身份证"，能看出自己的血统。当婚姻制度产生之后，姓氏还成了婚配的一项判断依据。因为同姓的人是亲族，所以不能通婚，因而自古便有"姓，所以别婚姻，氏，所以别贵贱"的说法。炎、黄是两个异姓的邻居部落，推测他们会彼此长期通婚。可是一山不容二虎，为了争夺地区的领导权，两个部落经常发生矛盾。最终，两大部落在阪泉打了一仗，黄帝胜利，炎帝归顺。两个部落结成了新的部落联盟，以"炎黄"为联盟的名号。

炎黄部落联盟逐渐发展壮大，在此基础上形成了后来的华夏族。因此，炎、黄二帝被后世尊为华夏民族的人文始祖。为了神化黄帝，后人将许多伟大发明归功于他，比如制作衣裳、制造舟车、制定历法。他的妻子嫘祖发明了养蚕、缫丝。黄帝的手下仓颉发明了汉字，史称"仓颉造字"。他的另一个手下伶伦制定了音律，发明了笛子；后世从事音乐、戏曲职业的人都被称为"伶人"。

炎黄部落联盟生活的黄河中游，这里是中原的核心区域。离这里不远的黄河中下游及长江流域一带，在当时属于东夷地区，那里还生活着一个由九黎族组成的部落联盟，其首领叫蚩尤。相传蚩尤有兄弟81人，个个能征善战。据推测，这"81个兄弟"应该指的是其部落联盟中81个氏族的酋长。蚩尤部落联盟也谋求向中原地区发展，便与炎黄部落联盟发生了激烈的冲突。经过反复较量，蚩尤在逐鹿之野被炎黄部落击败，其部落也被炎黄部落吞并。融合了蚩尤部落之后，炎黄部落又向南发展，势力到达江汉流域，即今天的湖北一带。在这里，炎黄又遇上了南方的苗蛮部落。所谓苗蛮，是对史前时代南方诸民族的泛称。炎黄部落

黄帝战蚩尤是原始社会氏族部落之间的一场大战

与苗蛮部落又发生了剧烈冲突，战争持续了好几代人。最终，炎黄部落取得了胜利。炎黄传说对应的考古学分期，应该是新石器时代。考古发现，我国新石器时代的文化类型是多点开花的，多地皆有分布。这也印证了"炎黄部落曾不断融合与扩大"这一说法的合理性。

在迈入文明时代的历史进程中，中华大地上的各部族长期交往、角逐、融合，最终汇聚出了海纳百川的华夏民族。这种多元一体的文明特点，形象地体现在华夏民族的龙图腾上。龙在自然界并不存在，其形象特点是"九似"——驼头、鹿角、蛇颈、鱼鳞、鹰爪、鱼尾等多种元素杂糅。这种复合型图腾，在世界其他民族的图腾中不曾见过。我们可以推测，华夏民族在融合过程中，每融合一个部落，就会吸收这个部落图腾的局部元素，最终形成了混合型的龙图腾。

中华文明多元一体，华夏民族海纳百川，这种民族性格与基因正是华夏民族生生不息的根源。我们不仅是炎黄子孙，也是东夷儿女，还是苗蛮后代。让我们向生活在这片土地上的每一个先民致敬，他们都是我们中国人的祖先，都应该得到我们的温情与敬意。

07

天下为公禅让制
尧被幽囚舜野死

氏族社会的结束

五帝中的最后两位,是尧和舜。尧舜时期,原始社会走到了尽头,国家即将产生。尧、舜的美德传说被后世所津津乐道,其圣王形象深入人心,以至于"尧舜之君"成为后世对帝王的最高评价。

尧、舜和之后的禹,三人之间实行着一种叫"禅让制"的权力传承制度。五帝中的"帝",和后来的皇帝有很大区别。皇帝拥有杀伐决断的绝对权力,五帝并没有。部落联盟时代是"公天下",天下是大家的。各部落的首领都能参与决策,帝只是相当于集体领导的"话事人"。所以,帝的权位也不能世袭给子孙,而要禅让给联盟中的贤能有德之人。这种传贤不传子的权力传承方式,被称作禅让制。

相传,舜在20岁时便以孝顺闻名乡里,部落长老纷纷向尧举荐舜。为了考察舜的德行,尧将自己的女儿娥皇和女英嫁给了舜,还赏赐了很多财物。舜的父亲是恶棍,继母是恶毒妇人,弟弟则是个小恶棍。舜得到了这么多财物,让他们很眼馋。他们想害死舜,将财物占为己有,便开始团伙作案。一天,父亲让舜去修粮仓的房顶,舜爬上房顶后,父亲和弟弟立即撤走梯子,然后放火烧粮仓。情急之下,舜用斗笠当作翅膀,像鸟一样安稳地落在地面,幸免于难。没过多久,父亲又让舜去挖井,舜下到井底后,弟弟就疯狂往井里填土,想把舜活埋。舜早知道那爷俩没安好心,提前在井底挖了一条地道,顺着地道逃生了。父亲和弟弟以为舜死了,就来到舜的房间瓜分战利品。弟弟要两位嫂子和琴,牛羊和仓房则归父亲和继母。弟弟坐在舜的房间,弹着舜的琴,欣赏着两位嫂子，春风得意。就在这时，舜从门外进来，弟弟魂都吓没了。反应过来后，弟弟假模假样地说："哥哥，我正弹着琴想念你呢！"事后，舜依旧像以前一样孝顺父母、善待弟弟。得知这些情况后，尧确信自己没有看错人，就把帝位禅让给了舜。

舜到了晚年，也将帝位禅让给了治水有功的禹。禹的父亲叫鲧，是夏后氏部落的首领，也是舜的手下。当时，黄河流域经常洪水泛滥，尧命鲧去治水。鲧用建造河堤的方法来堵洪水，堵了9年也没有成功，更糟糕的是，洪水越堵越多，水患更加严重了。舜因此处死了鲧，并让鲧的儿子禹继续治水。禹总结了父亲的经验教训，改堵为疏，采用清理河道、开挖水渠的方法，经过13年的努力，洪水终于被成功治理，舜将帝位禅让给了禹。

尧、舜的禅让之事被司马迁写进了《史记》，后世广为传颂。然而，他们的故事还有另一个截然不同的版本。西晋时期，盗墓贼挖出了一部成书于战国时期的官修史书，叫作《竹书纪年》。根据它的记载，尧晚年本想将帝位传给自己的儿子丹朱，但部落联盟的其他领导人希望轮流坐庄，反对世袭。随后，舜发动了政变把尧给囚禁了，还流放了丹朱，自己抢班夺权上位。同样，舜晚年也没有得到善终。舜之所以将鲧处死，是因为夏后氏的势力太过强大，威胁了自己的地位，治水失败只是一个借口。禹继承了夏后氏部落首领之位后，继续治水。禹和舜有杀父之仇，禹在治水过程中不断培植自己的势力。治水成功后，禹发动政变，将舜流放到南方的苍梧之野，成功夺权上台。唐朝诗人李白感叹尧舜禹之事，说"尧幽囚，舜野死"。

一个故事，两个版本。一个高风亮节，一个钩心斗角。哪个版本更可信呢？笔者认为，抢班夺权的版本可能更接近真实的历史。首先，《竹书纪年》比《史记》成书年代更早，距离尧舜禹时代更近，距离当时的历史越近的史书越可信。其次，尧舜禹时代正处于父系氏族社会末期，私有制已经盛行，对于权力，人们自然也会产生私有观念，所以夺权更符合当时的历史发展阶段特征。另外，后世的历史已无数次证明：在帝位面前，父子兄弟之间尚且是你死我活的斗争，怎么可能主动让与

尧传舜，舜传禹，尘封的历史真相外，是流传至今的三贤禅位的美谈。

外姓之人呢？所谓的禅让制，是赤裸裸的权力争夺，没有半点高风亮节。至于"天下为公"的传说，很可能是后世编造出来的正能量故事，以此来树立明君圣主的良好形象，掩盖权力争夺的自私与残酷。

禅让制的传说还有续集。禹到了晚年，又将天下共主之位禅让于协助他治水的排益（亦作伯翳）；但是，排益不如禹的儿子启贤能，大家都不听排益的号令，排益倒是有自知之明，最后主动让位于启。听起来又是这么和谐且充满正能量。然而，史书《战国策》又有让人震惊的相悖记载：禹明面上维护禅让制，背后却扶植儿子，让启掌握军政实权。启凭借掌权多年培养的政治势力，从排益手中夺权上位。①《竹书纪年》的记载更为残酷："益干启位，启杀之！"启不光夺了权，还杀死了排益。

无论是哪个版本的故事，结果都一样，禹的儿子接了班。轮流坐庄变成了一姓世袭，"公天下"变成了"家天下"。就这样，以氏族为社会组织形式的原始社会结束，王朝国家诞生了。禹来自夏后氏，历史上也称他为"夏禹"。这个"夏"字，也成了中国历史上第一个王朝的国号——夏朝建立了！

---

① 禹授益，而以启为吏，及老，而以启为不足任天下，传之益也。启与支党攻益，而夺之天下，是禹名传天下于益，其实令启自取之。（《战国策·燕策一》）

夏商周篇

本篇讲述夏、商、周三朝的历史，时间跨度1800多年。这一时期在秦朝建立以前，所以又叫先秦时期。

大约在公元前2070年，禹建立了中国历史上第一个王朝——夏，它也是中国历史上第一个国家。根据后世文献记载和现代考古发现，夏朝开创了王位世袭制，建立了国家机器，开启了我国的奴隶社会。但由于至今还未发现夏朝的文字，所以夏朝的文明史地位尚存争议。

夏朝最后被商部落的首领汤所灭，商汤灭夏，实现了中国历史上第一次改朝换代。商朝建立后，创造了以甲骨文和青铜器为代表的早期文明。商朝存在了500多年，最后被新兴的周部落所灭，后者建立了周朝。

周朝的历史分为前后两段，前段为西周，后段为东周。西周初期，周王室建立了分封制、宗法制、礼乐制、井田制四大制度，保障了国家的稳定与发展。西周末年，都城镐京被犬戎族攻破，西周灭亡；周平王迁都洛邑，东周随之开始。东周又分为春秋和战国两个时期。春秋时期，天子权威衰落，诸侯群雄争霸，先后出现了以齐桓公为代表的春秋五霸。到了东周，100多个诸侯国仅剩10余个。战国七雄互相攻伐，统一成为大势所趋。

战国时期，铁农具和牛耕技术得到推广，这使得生产力空前发展，进而加速了社会变革，各国开始变法运动。剧变中的社会，思想学术领域也空前活跃，出现了"百家争鸣"的局面。

先秦时期是中华文明初出襁褓的幼年阶段，不仅奠定了文明的基础，也为后世的发展确定了基调。

08

治水国家建夏朝
传说遗址二里头

夏朝的建立

禹传启,"家天下",夏朝由此诞生。夏不仅是我国历史上第一个王朝,也是第一个国家。夏朝能够建立,同大禹治水是密不可分的。可以说,夏朝就是在治水过程中孕育的。西方学者卡尔·魏特夫(Karl Wittfogel),将在这种模式下产生的国家称为"治水国家"。

治水是一个规模巨大的系统性工程,需要各地区、各部落之间通力协作,否则很难成功。鲧采用筑堤的方式治水,哪里有水堵哪里。那时还没有国家,各部落都各自为政,他们只要筑堤堵住本部落的洪水即可。至于洪水是否会被堵到其他部落,那就不用管了。可以想象,在这种治水模式下,部落间只会以邻为壑,治水失败也是必然。鲧被处死后,禹继续治水。禹放弃了父亲堵水的思路,改为疏通河道,让洪水东归大海。这种治水方法同样需要沿河的各部落通力协作,这就需要一位权威的领导者来统筹安排。显然,禹扮演了这个权威领导者的角色。

大禹治水之前,各地是以血缘为纽带而划分的部落区域。禹必须打破这种血缘藩篱,按照地理情形重新划分地方政区。于是"禹划九州",把天下划分成了9个政区。每个州,禹都派驻官员去统筹治水行动,从而加强了中央对地方的领导。就这样,以血缘为纽带存在了上万年的部落区域,变成了服从中央领导的地方行政区域,国家疆域和政区的概念由此产生,"九州"也由此成为中国的代名词之一。为了加强国家管理,禹还建立官僚体系,并制定法律。当然,还要建立一支军队,一是对内镇压不服从者,二是对外维护国家疆域的安全。这支军队,后

尚书·禹贡

荆州　雍州　徐州　豫州　冀州
　兖州　梁州　扬州　青州

"九州"为大禹所划分，故又称为"禹迹"

来还参加了对南方苗蛮部落的战争，巩固了华夏在天下的统治地位。

血缘藩篱的打破、行政区域的划分、中央权威的确立，官僚体系的完善、司法体系和军队的出现，这些国家产生的必要条件，都是禹在治水过程中实现的。因此，夏朝是典型的治水国家。大约在公元前2070年，禹完成了这些工作，随之建立了我国最早的奴隶制王朝——夏朝。

20世纪70年代，在河南登封发现了王城岗遗址中的一处城址，它的地理位置与文献中记载的夏朝都城——阳城非常吻合。夏朝在河南建立，这很符合中华文明多元一体的特点。中国境内的诸多新石器文化中，地处东北地区的红山文化发展程度可能更高，但它太偏僻了，多元文化归为一体，"一体"必须在"多元"的中心。河南位于当时的"天下之中"，是各种新石器文化交流碰撞的中心。正如历史学家L. S. 斯塔夫里阿诺斯（Leften Stavros Stavrianos）在《全球通史》中强调的那样，文明是在交流与碰撞中产生的。人类最早的文明诞生于中东的两河流域，这里正是欧、亚、非三大洲文化交流与碰撞的中心。夏朝诞生在我国中原的核心区域，也是历史的必然。然而，对于夏朝的历史地位，目前学界还存在着一些争论。

在古代，国人并不怀疑夏朝的存在。尤其是儒家，言必称"三代"（夏商周）。到了近代，国门被打开，近代考古学等西方科学传入我国，一些受到科学洗礼的学者，开始质疑上古史的真实性，包括夏朝的历史。还因此形成了一个史学派别——疑古派[1]，其领军人物是历史学家顾颉刚。在疑古派看来，上古历史乃是"层累地造成"的，也就是后人一点一点堆积出来的。时代越往后，流传的上古史内容就越丰富。在西周时，人们心中最古老的帝王是禹；到了春秋时期，又出现了比禹更早的尧、舜；到了汉朝，甚至出现了盘古开天辟地的传说。按历史发展规律来说，应该是距离历史事件时间越近的朝代，史料越丰富。而上古史恰恰相反，越是时间久远，反而"戏"越多，这显然不合常理。疑古

---

[1] 疑古派也称"古史辨派"，五四运动后形成的历史学派，以胡适、顾颉刚、钱玄同等人为代表。他们质疑东周以前的历史，强调"宁可疑古而失之，不可信古而失之"。

派认为，很多上古史的内容，可能是后人"脑补"出来的，不能盲目相信。

  我国古代的传统史学，多以文献记载为依据，缺乏相应的考古证明。然而，最可信的古史需要"文献记载"和"考古发现"的双重加持。这就是近代学者王国维所说的"二重证据法"，即"地下发现之新材料"与"纸上之材料"互相释证。这就像审案子，不仅要有口供，还要有物证，否则就不能定案。夏朝的相关文献记载，只见于夏朝灭亡很久之后的史书中。如《史记》记载夏朝时，夏朝已经消亡了1000多年，司马迁看夏朝，就像我们今人看司马迁那样久远。现存文献中，对于夏朝最早的记载见于春秋战国时期成书的《尚书》，距离夏朝灭亡一千年以上。在我国已知最早的文字——甲骨文的记录中，尚未发现对夏朝的直接记载，甚至没有发现夏朝的"夏"字。再说考古发现，20世纪50年代在河南发现了二里头遗址，学者认为它很可能是夏朝遗址，但目前也只称它为"夏文化"遗址，尚不能完全证实为"夏文明"。因为"文明"的标准线要比"文化"高许多。学界普遍认为，文明至少要具备三个要素：文字、城市、金属器。夏朝目前只具备后两者。现行高中历史教科书说，二里头遗址"很可能是夏文化的遗存"，这就是科学而严谨的表述。对于历史的认知，我们要靠科学和理性，而不能凭情绪和想象。

  夏朝的存在，大体上是可以肯定的。也许在不久的将来，我们会发现更多夏朝文明史的"实锤"证据。也许，这个历史重任就会落在读这本书的读者身上。让我们共同期待！

09

天子无道也下岗
改朝换代汤灭夏

商汤灭夏

夏启坐稳江山后，开始了帝王的享乐生活。他很喜欢在野外宴饮，是个"野趴"爱好者。启死后，他的儿子太康继位。不久，太康便和5个兄弟发生了内讧。内乱平息后，太康也和父亲一样，沉迷于声色犬马，夏朝的国势走向衰败。此时，中原东部的东夷人蠢蠢欲动，想脱离夏朝的统治。

东夷有个部落叫有穷氏，首领叫后羿。这个"后羿"，与神话传说中射太阳的那个后羿不是同一个人。这个后羿是历史上真实存在的人物。早期的人类社会为母系氏族社会，首领是女性，所以后羿中的"后"字，是"君主"的意思。有一次，太康去洛水北岸打猎，后羿趁机发起偷袭，夺取了夏朝政权。历史上称这件事为"太康失国"。后羿夺权后，先后把太康之弟仲康和仲康之子相推上王位，作为自己的傀儡。后来，后羿干脆废黜了相，自立为王。后羿也并非圣明君主，坐上天子宝座后，他也开始享乐。《左传》说后羿：

恃其射也，不修民事，而淫于原兽。

也就是沉迷于打猎，不理朝政。玩"嗨"时，他就将朝政交给一个亲信处理，这个亲信叫作寒浞。

寒浞也是个很有野心的人。过了一段时间，寒浞发动政变，杀死了后羿，自己当上了王。为了彻底铲除夏朝势力，寒浞还杀死了流亡在外的相。可是说来也巧，相死的时候，他的妻子刚刚怀孕。后来，相的遗腹子出生，名字叫作少康。少康长大后，联合忠于夏朝的势力，击败了寒浞和有穷氏部落，成功复辟了夏朝政权，史称"少康复国"。

少康从小流亡，苦难的生活不仅磨炼了他的意志，还让他见识了民间疾苦。复国之后，少康勤于政事，大力发展农田水利事业，夏朝迎来了复兴，史称"少康中兴"。在古代，王朝经历了一段动乱或衰败后又重新复兴，这种局面被称为"中兴"。类似的说法还有"……之治"和"……盛世"，前者形容王朝初期稳定发展的局面，比如汉朝的"文景之治"；后者则形容王朝发展到了巅峰状态，如唐朝的"开元盛世"。少康早年流亡杜地，所以又名"杜康"。这个名字更为后世所熟知，因为相传他发明了酿酒，被后世尊称为"酒神杜康"。少康不仅有雄才大略，还教子有方。他的儿子季杼很有武略，征服了不消停的东夷诸部，一直打到东海之滨，大大巩固了夏朝的疆域。季杼之后的五六位君主，也都表现尚可，夏朝处于岁月静好之中。可是，到了第十四代君主孔甲的时候，夏朝开始走下坡路了。当传到第十七位君主桀的时候，夏朝400余年的国运走到了尽头。

桀的本名是履癸，"桀"是他的谥号①。桀在后世风评极差，一说到桀，后人就会想到"暴君"二字。然而人性是复杂的，不存在绝对的好与绝对的坏。对于历史人物，我们要避免"二极管思维"，应该全面、客观、理性地分析评价。真实历史中的桀，是个优缺点都很鲜明的君主。他智勇兼备、能征善战，征讨了很多反叛部落；可他又贪酒好色，沉迷享乐。他的宠妃妹喜有个怪癖，就爱听丝帛撕裂的声音。为了满足妹喜的怪癖，桀就搜刮民财，做着暴殄天物的事情。忠臣关龙逄劝谏，夏桀不听，还将其杀害。更可怕的是，桀对自己的暴虐没有丝毫自知之明，甚至自我感觉十分良好。他自比为太阳，吹嘘道自己与日同辉，不会灭亡。②老百姓憎恶桀，就指桑骂槐地咒骂太阳，甚至宁可与太阳同归

---

① 君主时代帝王、贵族、大臣等死后，依照其生前事迹所给予的称号。
② 天之有日，犹吾之有民。日有亡哉！日亡，吾亦亡矣。（《尚书·大传》）

于尽。①

　　就在夏桀"花样作死"的时候，东夷的商部落开始搞事情了。商部落的始祖叫作契，相传，他的妈妈在野外沐浴时吃了一枚玄鸟（燕子）蛋，有感而孕生下了契。这种非性交方式怀孕的传说，叫作感生神话。古代有很多感生神话，比如，伏羲的母亲踩了雷神的脚印有感而孕；禹的母亲，吃了一颗捡来的薏苡有感而孕；炎、黄二帝，也都是感生而降世。感生神话的出现，一是后人想神化祖先，二是因为在母系氏族社会，孩子只知其母不知其父，只能用感生的方式来解释怀孕。契后来协助大禹治水，被封赏在商地（在今河南商丘附近），在此形成商部落。商部落的第十四代首领叫汤，在他的领导下，商部落发展成夏朝最强大的方国②。"方国"是一种部落式的国家，臣服于夏朝，相当于夏朝的小弟。

　　方国与夏朝的关系很微妙，夏朝强大时，方国很乖巧；当夏朝衰败时，方国就会蠢蠢欲动。桀的统治导致民怨沸腾、众叛亲离，商汤知道机会来了。他一面招兵买马，积蓄粮草；一面又选贤用能，招揽人才，这其中就有名臣伊尹。商汤还积极展开外交攻势，拉拢了一批不满夏朝的方国和部落。终于，在约公元前1600年的鸣条之战中，商汤率军击败了夏军主力，占领夏地。以此为标志，夏朝灭亡，商朝建立。商汤灭夏，是中国历史上第一次改朝换代，是一次革命性的社会巨变，后世将其与后世的武王伐纣并称为"汤武革命"。

　　亡国后的桀被商汤流放，数年后客死他乡。后世的枭雄们，不断抄袭着商汤的作业，一次次地重演着改朝换代的历史大戏。在中国，天子从来就不是铁饭碗，如果干不好，就会失业，甚至全家都会被"团灭"。相比之下，夏桀失业后还能善终，这已经算是"烧高香"的结局了。

---

① 时日曷丧，予及汝皆亡。（《尚书·汤誓》）
② 夏朝对外围地区的统治方式是依靠当地部落首领实行间接统治，这些部落有的发展成了小型国家，称为"方国"。

在鸣条之战开战前，商汤举行了隆重的出征誓师活动

10

放太甲伊尹主政
九世乱盘庚迁殷

盘庚迁殷

在商汤灭夏夺取天下的过程中，贤臣伊尹立下了辅佐之功。伊尹是一个传奇人物，他本是奴隶厨子出身，一步步爬到了"开国宰相"的地位。更有传奇色彩的是，伊尹掌权期间，他还流放了天子。

伊尹是个弃婴，被有莘国的一个奴隶厨师收养，因此擅长烹饪。相比烹饪，伊尹在政治方面更有天赋。他喜欢研究尧、舜、禹等圣王的治国之道，并因此远近闻名。后来，伊尹作为陪嫁奴隶来到了商部落，商汤发现了伊尹的政治才能，提拔他为辅政重臣。伊尹的"尹"，就是他的官职名。在商朝的官制中，尹的权力很大，相当于后世的宰相。尹之下，是"多尹"之职，相当于副宰相（一说"多尹"为商朝朝廷官员的总称）。再往下，是各种负责具体事务的官员，称为"多宰"或"小臣"。

商朝建立后，伊尹又为商汤构建了一套崭新的国家制度。相比夏朝，商朝的疆域扩展了许多。大体上，北抵燕山，即今内蒙古一带；西至陇山，即今甘肃地区；南达江汉，即今湖南、湖北一带；东边则一直到大海。这么大的地盘，若想每个地方都由中央直接管理，商朝还真心做不到。一是那时的交通条件太落后，要把中央政令传达到地方很费劲；二是周边地区都是部落区域，它们的发展程度与商朝有较大差异，更适合让部落自行治理。为此，商朝建立了一套内外服制度来管理国家。

所谓内服，是指都城附近的王畿地区，由商王直接统治。前面说到的"尹""多尹""小臣"等官职，就是内服的官员。内服地区主要居住着商部落的本族人，政治上最为可靠。内服之外的广大周边地区就是外服，这里居住着商族以外的部落，由部落首领自行管理。但是他们必须要臣服于商朝，要定期纳贡，还要奉命为商朝征战。外服部落的首领可接受商王的封号，这相当于得到商朝的承认。内服可以理解为是"古国"，相当于商朝的"直营店"；外服可以理解为是"方国"，相当于商朝的"加盟店"。在内外服制度下，商朝形成了一个古国与方国的联合体，类似一个松散的联邦制国家，学者称其为"方国联盟"。

商汤灭夏后，在位13年便去世了。继任的两位王比较短命（长子太丁尚未成王便已去世，继任的两位王分别是次子外丙、三子仲壬），其间都是由伊尹辅政。商朝的第四位王叫太甲，是商汤的孙子。商王的名字里多带有"甲""乙""丙""丁"等天干，这可能代表了他们的出生日期。根据传统史书记载，太甲暴虐无道、肆意妄为，不遵守商汤留下来的制度。此时的伊尹，已是四朝老臣，他多次规劝太甲无效，无奈之下，就将太甲流放到商汤陵墓附近的桐宫，让他守陵思过，史称"伊尹放太甲"。太甲流放期间，伊尹亲自摄政，是商朝的实际统治者。3年后，太甲悔过从善，伊尹又迎回了太甲，并将政权归还。故事听起来很美好，然而史书《竹书纪年》却记载了故事的另一个版本：权臣伊尹篡位，自立为王，流放了太甲。7年后，太甲潜回都城，杀死伊尹，夺回了王位。[①]汉朝时，权臣霍光也废立过皇帝。因此，后世将权臣当政隐喻为"伊霍之事"。

关于伊尹放太甲的历史真相，可能将永远是个谜。但这件事体现了一个不争的事实，那就是商朝时，相权十分强大。君权与相权的矛盾是中国古代政治的两对基本矛盾之一（另一对基本矛盾是中央与地方的矛盾），中国古代政治制度在发展和变迁的过程中，始终在解决这两对矛盾。后世君权与相权的总体变化趋势是：君权不断加强，相权不断被削

---

① 伊尹放太甲于桐，乃自立。七年，王潜出，自桐杀伊尹。

053

弱。直到明朝时，朱元璋彻底废除了丞相制度。

商朝从第10位王仲丁开始，政局陷入了大混乱。这一乱，持续了9代商王，史称"九世之乱"。每当乱到一定程度，商王就会选择迁都。商朝建立之初，首都定在亳（在今河南商丘）。从仲丁开始，商朝先后6次迁都，直到盘庚迁都至殷（在今河南安阳），首都才稳定下来，九世之乱也由此结束。一言不合就迁都，成为商朝前期政治的一大特色。那么，商朝为什么要频繁迁都呢？

有学者分析，这可能是商人"换土易居"的旧俗，商朝建立前就迁都过8次，因此形成了习惯。另外，商朝频繁迁都还有两点现实原因：一是受黄河水患侵扰，都城经常被淹没；二是王位继承的纠纷。商朝的王位世袭制，存在着两种不同的世袭办法——一种是传位给儿子，即父死子继；另一种是传位给弟弟，即兄终弟及。两种传位办法并存，传位顺序并不唯一，这就很容易乱套。比如，老国王死了，弟弟继位，儿子长大了不甘心，就会想方设法干掉叔叔抢班；或者是老国王死了，儿子继位，老国王的弟弟看侄子年龄小好欺负，就会琢磨着发动政变夺权。九世之乱，很可能就是叔侄间争夺王位所致。也正是在此期间，商朝频繁迁都。迁都后，新国王可以远离敌对势力，在政治上另立门户。盘庚迁殷后，政局逐渐稳定下来。此后近300年间，商朝未再迁都，殷成了商朝的代名词，商朝又被称为"殷朝"或"殷商"。1928年，殷的遗址在河南安阳被发现，即著名的殷墟。

在"家天下"时代，最高权力的继承顺序必须是明确且唯一的，任何不明确的继承方式都会导致严重的政治斗争，继而导致国家混乱。商朝后期，王位继承制度逐渐向嫡长子继承制倾斜。到了周朝，在嫡长子继承制的基础上发展出了完备的宗法制，后者成为我国继承制度所遵循的基本原则。

盘庚迁殷，奠定了商朝最后300年的繁荣

11

信鬼神乌龟算卦
刻甲骨文字初现

甲骨文

在历史语言中，对古文明的认定标准很高。这里的"文明"，是指人类社会发展到了一个较高级的状态，与蒙昧和野蛮相对立。文明本是一个西方概念，源于拉丁文"Civis"一词，原意指市民、公民。可以看出，城市的出现是判断文明产生的重要标准。除此之外，文明还需要满足两个条件——文字和金属器。中国最早的文字是商朝的甲骨文，它的产生，缘于商朝人爱用乌龟壳算卦。

早期人类对很多自然和社会现象无法理性认识，多将其归结为鬼神的作用。商朝人尤其迷信鬼神，就像身处于一个政教合一的国家。《礼记》记载：

殷人尊神，率民以事神，先鬼而后礼。

这种"重鬼神"的观念，实际上是一种原始的宗教信仰。在这种观念的影响下，商朝盛行人祭和占卜。

所谓人祭，就是把人当牲口一样杀掉，祭祀给鬼神。人祭在商朝随处可见，比如盖一座宗教建筑，打地基时要在4个墙角各杀一个小孩来祭祀，安装大门时要在门口杀人祭祀，上房梁时还要再杀人祭祀。盖一个建筑群，前后要杀掉600多人。在商王陵墓里，经常发掘出人祭的遗骸，最多的有上千具；挖掘出的青铜甗（类似蒸锅的炊具）里，还盛有人的头骨，里面的头骨还被蒸煮过，据推测，这也是一种祭祀行为。商朝祭祀鬼神的规模之大、频率之高，是后世绝无仅有的。

商朝人不仅会祭祀鬼神，遇事还喜欢求问鬼神，这就是占卜。商王几乎遇事就问鬼神，大到祭祀日期、战争胜负、农业收成等国家事务，小到打猎、疾病、生育等日常生活琐事，甚至对"天气预报"这类问题都要进行占卜。商朝人占卜的方法很有趣，占卜用具多为乌龟壳或牛的肩胛骨，统称为"甲骨"。占卜前，巫师要先将甲骨清理干净并加以刮削处理，然后在上面钻刻出若干"钻"和"凿"。"钻"是圆形凹槽，"凿"是枣核形的凹槽。一"钻"挨着一"凿"，合为一组，若干组左右对称分布。占卜时，巫师会用火灼烧甲骨，直到甲骨出现裂纹。然后，巫师根据裂纹的密度和走向来分辨神的旨意，判断所占卜之事是吉是凶。占卜时，巫师还要将占卜内容概括成卜辞并刻在甲骨上，以备今后核查。卜辞包括占卜日期、占卜人名字、占卜之事、占卜结果，相当详细。商朝人的这种占卜方法，不仅费事，也很费龟。但它对中华文明做了一个极大的贡献，就是从中产生了我国目前可识的最早的文字——甲骨文。

中国人使用了数千年的汉字，其源头正是甲骨文，可是古人并不知道。因为商朝灭亡后，大量甲骨被埋没在殷墟的地下，甲骨文逐渐被历史遗忘。到了近代，河南安阳的农民经常在种地时偶然挖出甲骨。中医药里有一味叫"龙骨"的中药，据说可治疗神志异常、咳嗽气喘、泻痢等多种疾病。其实甲骨的主要成分是钙，除了对治疗胃酸有一定功效外，并无其他药用价值。安阳挖出的甲骨，被中药贩子当作龙骨收购，最后被入药吃掉。幸好有一位叫王懿荣的人，发现了甲骨上的秘密。

王懿荣是进士出身，在光绪年间任国子监祭酒，这个职务类似今天的北京大学校长兼教育部副部长。王懿荣喜欢研究青铜器和石刻上的古文字，这门学问被称为"金石之学"。1899年夏天，王懿荣拉肚子了，太医给他看病，开的药方中就有龙骨这味中药。家人把中药买回来后，略懂中医的王懿荣亲自查看药材。他惊奇地发现，这"龙骨"上有很多人工刻画出来的符号。金石学的功底让他断定，这些符号并不简单，应

晚清官员、金石学家王懿荣于光绪二十五年（1899年）发现了甲骨文

该是一种古老的文字。随后，王懿荣收购大量甲骨来研究，甲骨文得以重见天日。

迄今为止，已发现商代有字甲骨10余万片，甲骨文单字约4500个，其中解读出来的不到一半。甲骨文使用了汉字中的"六书"造字法，即象形、指事、会意、形声、转注、假借这6种造字方法。其中最多的是象形字，约占40%。比如"日"字，甲骨文为⊖，形象为太阳；比如"月"字，甲骨文为☽，形象为月亮。指事造字法，是用指示性符号表示某一事物或概念。比如甲骨文中的昌字，上面是太阳，下面是地面，这是指初升的太阳，对应现在的"旦"字；类似的还有"上"字为⌒，"下"字为⌒，都是用指事法造出来的字。将两个或多个独体字组合在一起，还可以产生一个新的字，这叫会意造字法。比如甲骨文中的明，日、月放在一起，一定很明亮，这就是"明"字；再比如甲骨文中的教，右边是一个人拿着木棍，左下角是个小孩，左上角可能是结绳记事的草绳，合起来就像一个老师在教小孩知识，这就是现在的"教"字。形声是甲骨文中最高级的造字法，用表音的音旁和表意的形旁组成新的字。比如甲骨文中的河，左边是表示水的形旁，右边是音旁，表示发音，组成了"河"字。甲骨文不仅有重大的文字学和语言学意义，还有着不可估量的史学价值。它全面记录了商朝社会的各项活动，内容包罗万象，是研究商朝历史最全面、最可信的资料。

文字的出现是文明产生的一大判定标准，所以，甲骨文的发现将商朝的文明史地位证实了。

12

耕西北周人崛起
入中原武王伐纣

武王伐纣

商朝立国500余年，一共传了十七代，三十一位王。王的数量远多于代数，这是因为商朝前期传位存在大量"兄终弟及"的情况，兄弟之间传位是不累计代数的。商朝最后一个王是纣王，但他的本名叫受，帝王庙号为帝辛。在国人的传统印象中，纣和桀一样，都属于"渣王"的代表。二人的名字还共同组成了词语"桀纣"，成为对帝王最高级别的差评。

这两位亡国之君的所作所为非常相似。二人都沉迷于女色，夏桀有宠妃妹喜，纣王则有妲己。为了女人和享乐，二人都穷奢极欲，花样作死。夏桀每日醉生梦死，在酒池上划船。纣王则营建离宫朝歌，以酒为池，悬肉为林，让男女"裸相逐其间"，并终日与妲己寻欢作乐。二人还都残忍无道，不听劝谏。夏桀杀害了忠臣关龙逢，纣王则杀害了劝谏的忠臣比干，据说比干还是被剖心而死的。二人的恶劣品行，听起来过于雷同，难道这真的只是历史的巧合吗？

历史学家顾颉刚曾经对有关纣王的恶行的记载做过统计：最早的《尚书》只记载了6项，战国时期增加了20多项，西汉时也增加了20多项，东晋时又增加了13项。实际上，对纣王这些恶行的记载多是后世层层增添而来的。时代愈靠后，记载的罪行就愈多。这些记载的来源，要么是道听途说，要么是"脑补"、编造。包括《史记》在内的相关记载，都是商朝灭亡了千百年后才出现的，并没有商朝时的文献作为史料支撑，并非信史。至于夏桀的恶行则更不可信，因为至今还未发现夏朝文字。历史学的核心是史料学，选择史料的基本原则是要采用原始史料，即当时的或接近当时的史料。有关纣王的原始史料是商朝的甲骨文记载，最多加上西周初期的青铜器铭文记载。在甲骨文记载中，纣王亡国并非因为残暴，而是因为对外战争的失败。甲骨文史料中多次提及纣王曾"征夷方"，也就是攻打外服方国，这极大地消耗了国力。关键是他还没打赢，这更使商朝陷入了严重的统治危机。此时，西北地区一个叫周的方国趁机反叛。

周人生活在西北地区，他们的始祖叫作弃。相传，弃的母亲姜嫄因为踩了巨人的脚印有感而孕。弃出生后，被姜嫄先后遗弃了三次。遗弃在道路上，牛马都避而不踩；遗弃到树林中，砍柴的樵夫又将他捡了回来；遗弃到冰面上，飞鸟都用羽毛为他保暖。根据学者分析，这个传说很符合古人对新生婴儿进行淘汰选优的习俗。在贫乏的年代，只有经过了磨难和考验的婴儿，才有资格被抚养长大。命硬的弃经过了考验，得以长大成人。弃从小就喜欢种地，长大后被尧任命为农师，掌管农业。弃后来建立了自己的部落。当这个部落繁衍到第12代时，一个叫古公亶父的首领，带领族人迁居到岐山脚下的周原，部族从此改称为"周"。周人以农业立国，并成为商朝的外服方国之一。

在古代，西北地区是中外交流的重要通道，丝绸之路就经过这里。商周时期，比中华文明出现得更早、发展得更先进的文明集中在北非和西亚地区。周人生活在西北，能够第一时间接收传入的西方文化，因而发展迅速。周人崛起后，积极对外扩张。到了周文王姬昌时期，周国已是"三分天下有其二"。姬昌一面"服事殷"，一面等待着时机。纣王也不傻，意识到了周人的威胁，但已无力招架，因为对夷方的战争已让商朝"被掏空"，他实在没法两线作战。姬昌死后，儿子姬发继位，他就是周武王。姬发迁都镐（在今陕西西安附近），开始准备灭商。他联合不满商朝的方国和部族，在孟津成立了反商大联盟，前来会盟的部落首领有800个。两年后，周武王率领反商联盟的军队向商都朝歌进发。公元前1046年，在朝歌外围的牧野，反商联军与纣王的军队展开了生死决战，史称"牧野之战"。

据《史记》记载，牧野之战期间，纣王发兵"七十万"。这个数字过于夸张，毕竟那个时代全国也没有多少人口。后世考证，可能是司马迁写反了，他写的"七十万"应该是"十七万"。再来看反商联军，大约5万人。可以说，纣王在军队人数上有压倒性的优势。可战争结果却出人意料，周武王大获全胜，打得纣王的军队血流漂杵，也就是连木棒子都在血泊上漂。会产生这样的结果，不仅因为纣王失去民心、联军英勇作战，还因为周人的武器太先进了。周朝的军队拥有两项当时的"黑科技"：一是两轮战车，二是青铜剑。这两项技术均来自西亚，这就是周人率先学习到的西方先进技术。尽管商朝也有马车，但多用于贵族出行，并非应用于军事作战。史书记载联军有"戎车三百乘"，纣王军队本来就人心涣散，在战场上看到周人的战车横冲直撞，更是胆战心惊，最后都选择了倒戈①投降。纣王见大势已去，逃回朝歌，以自焚的方式结束了自己跌宕的一生。就这样，商朝结束，周朝开始，历史上称此事为"武王伐纣"。

武王伐纣，不仅实现了改朝换代，还实现了边疆政权对中原王朝的征服。武王伐纣的成功，还告诉了我们一个国家发展的真理：一个国家对外部文明的态度，直接决定了国运的兴衰。如果清醒自知，虚心学习，就能发展壮大；盲目自大，拒绝吸纳其他文明，就必然会落后而挨打。周人的崛起，这是因为前者；晚清的落后，印证了后者。

---

① 戈是古代单兵使用的武器，"倒戈"就是指士兵掉转戈的方向，意味着投降敌军并反过来攻打己方。

《史记》记载,武王伐纣时动用"戎车三百乘,虎贲三千人"

13

血缘远近看宗法
分封天下建诸侯

分封制与宗法制

历代王朝中，周朝立国最久，前后将近八百年。周朝的历史可划分为前后两段：前三百年，首都在镐京，称为西周；后五百年，首都东迁到了洛邑，称为东周。本篇，我们先来介绍一下西周。

周朝建立后，都城还是原来周国的都城镐京。此时的周国已经变成了周朝，从一个地方方国变成"天下共主"。面对着空前扩大的疆土，周武王也有点蒙。一个边陲小国出身的君主，如何去统治偌大的天下呢？商朝当年用的是外服制度，可外服方国就像"加盟店"一样，虽然表面上挂着朝廷的招牌，但实际上独立治国。遇到朝廷危难之时，方国还经常叛乱，让朝廷很是头疼。周朝就是以方国叛乱的方式夺取了殷商的天下，周武王决不能允许自己的成功模式再被他人复制。于是，周武王将地方上的"加盟店"都改成了周王室的"直营店"。具体做法就是派亲信去周边地区建立诸侯国，代表周天子来统治这些地方。与之相应，诸侯王要定期朝觐周天子，还要出兵协助天子作战。这种封邦建国的制度，就是分封制。可惜周武王还没来得及完成分封，便撒手人寰了。（也有观点认为，分封制起源于夏朝，为商朝所沿袭，在西周时完善。）临终前，周武王将自己12岁的儿子托付给了弟弟周公旦，这个儿子就是后来的周成王。周成王继位后，周朝开始了"周公辅成王"的时代。

周公旦，姓姬名旦，就是"周公解梦"的那个周公。他辅政掌权，

作为武王之弟，周公曾协助武王灭商，后又专心辅佐12岁继位的成王

引得三个亲兄弟眼红，他们是管叔、蔡叔、霍叔①。三个兄弟被分封在殷地附近，本来是去监视纣王的儿子武庚的，因此又称"三监"。可是三兄弟胳膊肘往外拐，因不满周公辅政，竟然联合武庚发动了叛乱，史称"三监之乱"。此时，东部地区的地方势力也趁机起事。一时间，周朝的统治岌岌可危。危急时刻，周公果断亲征平叛，诛杀了管叔和武庚。平叛后，为了加强对地方的控制，周公实行了更大规模的分封。

获得分封的诸侯，主要是三种人。最多的是姬姓宗室，据《荀子》统计：周初分封了71国，姬姓之国多达53个。周武王的兄弟召公奭被分封于燕，周公旦被分封在了鲁。但这两位宗室也是朝廷重臣，得留在镐京"上班"，所以就派了儿子去封地建国。武王的儿子唐叔虞被分封于唐，后来唐地改名为晋。排在宗室后面的是功臣，开国功臣姜尚就被分封到了齐。除宗室和功臣外，前代帝王的后裔也能获得分封。比如纣王的哥哥微子启，被分封到了宋。再比如尧的后裔被分封在了蓟，就在今天的北京。分封的诸侯也有等级，有公、侯、伯、子、男五等爵位。公爵很少，大部分为侯爵和伯爵。天子的同母兄弟多封为侯，异母兄弟则多封为伯。子爵与男爵，多封予远支宗室或远方蛮夷之地之主，比如偏远的楚国的统治者就被封了子爵，地位比较低。分封制是一种新型的地方行政制度，实现了周王室对周边地区的武装拓殖，也加速了各地的文明进步，进而形成了"普天之下，莫非王土"的局面。

在诸侯国内部，诸侯还可以将土地继续往下分封，分给自己的儿子或功臣，封他们做卿大夫。天子的儿子可以做诸侯，诸侯的儿子可以做卿大夫。当然，他们还会有一个幸运的儿子，可以直接继承父亲的天子或诸侯之位。那么，这个幸运儿的选择标准是什么呢？这就需要有一个

---

① 这里的"叔"代表兄弟间的排序，不是"叔叔"的意思。古人的名字里经常会出现"伯""仲""叔""季"这几个字，代表兄弟间的排序。"伯""仲""叔""季"分别表示老大、老二、老三、老幺。比如三国时期的孙策兄弟，老大孙策字伯符，老二孙权字仲谋，老三孙翊字叔弼，老四孙匡字季佐，就体现了"伯""仲""叔""季"的排序法。"伯"也可通"孟"，意思相同，比如"孟姜女"，就是姜家的大女儿。如果兄弟数量太多了，就会重复使用"叔"字。周武王有兄弟10人，老大是伯邑考，老二是周武王，老幺是冉季载，剩下的中间兄弟都是叔字辈，如管叔、蔡叔、霍叔。古人也将这种排序方法用于其他事务的计数。比如，仲秋就是秋季的第2个月，仲夏就是夏季的第2个月。

明确的继承制度，否则，就会重蹈商朝九世之乱的覆辙。为此，周公确立了与分封制相辅相成的宗法制。

所谓宗法，就是确定血缘正宗和远近的办法，以此作为分封的顺序。男人正妻所生的儿子叫作嫡子，妾室所生的儿子叫作庶子。可以想象，嫡子的血缘肯定要比庶子的更正宗。那么，嫡子中的哪一个最正宗呢？答案是嫡长子，即正妻所生的老大。有的小伙伴可能会想：如果生了双胞胎怎么办？遇到这种情况，古人遵循"先出母体为大"的原则，先生出来的那个是嫡长子。宗法制的核心，就是嫡长子继承制。嫡长子的血缘最正宗，被称为"大宗"。天子的嫡长子是大宗，可以继承天子之位；其他儿子都是"小宗"，只能当诸侯。诸侯的嫡长子是"大宗"，可以继承诸侯王之位；其他儿子都是"小宗"，只能当卿大夫。普通百姓之家也很重视宗法，嫡长子是这一家族的"大宗"，其他儿子是"小宗"。百姓之家的嫡庶差距不如贵族那么大，毕竟没有王位要继承。但是在体现家族地位的事务上，嫡长子还是有优先权的，比如作为宗嗣管理宗族和主持祭祀。在财产继承权上，嫡庶之间并没太大差距。

宗法制对我国古代社会的影响极大，上至天潢贵胄，下到黎民百姓，家族身份都是个人生存和发展的基础。在宗法制下，全国上下都是依靠血缘关系组成的集团，分封制则是血缘关系在国家层面的表现。

吾中国社会之组织，以家族为单位，不以个人为单位，所谓家齐而后国治是也。周代宗法之制，在今日其形式虽废，其精神犹存也。[①]

分封制下，天子分封诸侯，诸侯分封卿大夫，最底层的是老百姓，这就形成了一种金字塔型的社会结构。这种"分封建邦"的模式，与马克思主义中"封建社会"的概念较为近似，致使新中国成立后很长一段时间里，秦朝到晚清的历史都被定义为"封建社会"。直到近年，这种认知才开始有了新的评议。实际上，恰恰是秦的统一结束了分封建邦，结束了我国的封建社会。

---

① 出自梁启超《新大陆游记》。

14

等级有别心和同
华夏正统礼乐制

井田制与礼乐制

西周有四大制度，除了前面介绍的分封制与宗法制外，还有井田制和礼乐制。

在古代，土地归谁所有、如何使用，是事关王朝稳定与发展的重要问题。周朝实行的井田制，是一种特殊的土地公有制度，土地在名义上都属于周天子，不允许私人买卖。事实上，想卖也没人会买，因为那时生产力水平较低，到处是无主荒地。井田制下，每户农民能分到100亩私田，称为"一田"。除100亩之外，每户农民还要耕种10亩的公田。公田产出归公家所有，私田产出归自己所有。每家每户的土地大小相近，一块块呈矩形整齐地排列。从远处看，就像是"井"字，故称这种制度为"井田制"。那时的耕种方式比较粗犷，一片井田只耕种三年。肥力下降后，就换一片划分的土地重新耕种；使用的农具也比较落后，主要是木制、石制、骨制的。尽管那时是青铜时代，但青铜器是贵族专享的，不是给老百姓种地用的。关于井田制的问题，目前学界还有争论，此处只对普遍性说法进行介绍。

周朝对后世影响最深远的制度，当数周公制定的礼乐制度。何为礼乐？简单来说，"礼"是指礼仪，"乐"是指音乐。周人重视礼，所有社会活动都有相应的礼仪规范。春秋时期的《仪礼》详细记载了从西周时期流传下来的17种礼仪。后人将其分为五大类，称为"五礼"，分别是吉礼、凶礼、军礼、宾礼、嘉礼。

吉礼是五礼的核心，即祭祀礼仪。古人很重视祭祀，《左传》说：

国之大事，在祀与戎。

意思是打仗和祭祀是国家的头等大事。周天子是"祭祀狂人"，山川日月、天地神明、祖先圣贤、厉鬼恶灵，统统都要祭祀；举行祭祀的频率也很高，有定期举行的常祀，还有因灾祸、战争、诸侯朝拜而临时举行的因祀。祭祀的礼仪程序相当烦琐，必须有专门的官员来准备，六卿[①]之一的宗伯便负责此事。天子举行宗庙祭祀时，光是要准备的器物就有18类之多。比如要准备"匰"，一种特制的竹筐。祭祀时司巫要用匰盛放牌位并传送到祭祀地点，绝不能用手持拿，否则就是对神主的亵渎。还要准备稀世珍宝，在祭祀时展示，以彰显天子的排场。此外还有服装准备和祭品准备，动物祭品有牛、羊、猪、狗、鸡、马、鱼7种，统称为"牺牲"。除了准备物品外，祭祀前还要进行占卜、发布戒严令、准备祭祀乐舞节目。祭祀前还要准备"立尸"，就是找一个人来扮演祖先，接受祭祀，象征死而复生。一般情况下，都是让孙子来扮演死去的爷爷。祭祀前的准备活动就如此复杂，祭祀当天的烦琐程序便可想而知了。

五礼中的第二礼是凶礼，即丧礼。凶礼不仅包括丧葬礼仪，还规定了发生祸乱时诸侯国间如何吊唁，遇到水旱、疫病等灾荒时如何救灾，等等。军礼则是有关军事的礼仪，如阅兵、点将、出师等。宾礼是接待宾客的礼仪，如诸侯朝见天子之礼就规定：距离国都方圆1500里以内的诸侯，每年都要朝见一次；以外每远500里，朝见间隔时间增加一年。嘉礼的内容最庞杂，凡是具有喜庆意义的礼仪都属嘉礼的范畴。如君主登基、册立太子、分封王侯、节日朝贺、天子纳后妃等。在民间，男子成年时举行的冠礼、女子成年时举行的笄礼、官府宴请贤者的乡饮酒礼、射箭娱乐的宾射之礼，也属于嘉礼的范畴。

---

① 又称"六官"，在中国古代，泛指地位仅次于宰相、三公的高品阶大臣。始见于西周时期，不同历史时期所指不同。

周公所创的礼乐制度，对后世影响巨大

周礼的核心在于体现身份的差异。比如，吉礼中规定，天子祭祀要用9个鼎，"一言九鼎"便来源于此；诸侯祭祀用7个鼎，卿大夫用5个，士只能用3个或1个。这种等级差异不可僭越，否则会遭到暴力制裁。再比如，身份不同的人死了，其称呼都有不同规定：天子死曰"崩"，诸侯死曰"薨"，卿大夫死曰"卒"，士死曰"不禄"，只有平民才能叫"死"。周礼用一系列日常生活中可耳濡目染的行为规范，让大家在潜移默化中习惯身份差异，实质上是为了维护秩序。近代学者王国维将周礼的基本原则归纳为"亲亲、尊尊、贤贤"6个字。"亲亲"，即亲近你的亲人，使宗族团结友爱，这维护了家族秩序；"尊尊"，即尊重上级，听上级的话，这维护了政治秩序；"贤贤"，就是敬重贤者，尊敬你的老师，这维护了文化秩序。周人通过礼，将各种社会秩序都维护好，这样，天下也就稳定了。

由于周礼过于强调等级差异，难免让不同等级的人之间产生心理隔阂，为了弥平隔阂，周人又用乐来调和礼。"乐"不仅包括音乐，还包括舞蹈和诗歌，《诗经》中的很多内容就源于周礼。庙堂之上、祭祀之地、宴饮场所，身份不同的人听着相同的音乐，看着同样的舞蹈，欣赏着同一首诗歌，大家的情感会自然而然产生共鸣，内心也会趋于和同。这种安分而和谐的画面，正是礼乐制度所追求的。

礼乐制度的进步之处，在于用文化手段来维护统治秩序，体现了对生命的尊重。与商朝重鬼神、喜好杀人祭祀相比，周朝用礼乐制度代替血腥屠戮，这是莫大的文明进步。周人这种进步的文化价值观念得到了周边部族的认同，在此基础之上，华夏观念逐渐形成。《春秋左传·正义》说：

中国有礼仪之大，故称夏；有服章之美，谓之华。

礼乐文化不仅被传承给了后世，还辐射到了东亚各国。比如，乐中有一种雅乐，是帝王出席典礼时所用的。当今日本国歌《君之代》，其庄重肃穆的曲风就源于隋唐雅乐。可能是因为它太庄重肃穆了，很多国人听到后，错以为是哀乐。

15

烽火没有戏诸侯
岳丈一怒亡西周

西周的结束

周公辅佐成王，镇压了各地叛乱，完善了分封制和宗法制，还制礼作乐，使周朝的江山社稷稳固下来。成王之后是康王，他延续了周成王的政策，延续着国泰民安的局面。相传，周成王和周康王主政的40多年间，国家都没怎么使用过刑罚，社会相当和谐，历史上称这段时期为"成康之治"。

周康王之后是周昭王和周穆王，这爷俩在位时，南方的楚国开始崛起。楚人的风俗习惯与文化观念有别于中原，不太认同周朝。周昭王一怒之下，亲征伐楚。结果，在渡汉水时不幸淹死，也有人说他被鳄鱼给吃了。此后的楚国，彻底放飞自我，在江汉地区不断发展壮大。除了南方的楚国外，在西北还有一个让周王室头疼的势力——犬戎[1]族诸部。犬戎族自称自己的祖先是"二白犬"，并以此为图腾。"白犬"可能是指白狼，可以看出犬戎族崇尚凶悍。周穆王时，犬戎族没有及时向周朝进贡，周穆王以此为由而西征。虽然周穆王最终获胜，但双方也结下了深仇大恨。相传，在西征过程中，周穆王见到了西王母，二人还传出了绯闻。这个西王母，就是《西游记》里王母娘娘的原型。学者推测，西王母可能是西域某个母系氏族部落的首领，说明周朝的势力在周穆王时可能远达西域。

---

[1] 古代中原政权将周边部族政权具体分为"四夷"：南方称"蛮"，东方称"夷"，西方称"戎"，北方称"狄"。犬戎，古族名，古戎人的一支，殷周时，游牧于泾渭流域（在今陕西彬州、岐山一带），为殷周西边的劲敌，曾与周文王、周穆王进行过战争。

072

穆王之后是共、懿、孝、夷四王。他们虽没有什么建树，倒也能勉强维持国政。周边的少数民族，在此期间得到发展。当周朝传到第十代王周厉王时，开始走向末路。为了重振王室雄风，周厉王屡屡对周边少数民族用兵。打仗很费钱，为了敛财，他发明了"专利"政策，就是将山林川泽收归王室所有，老百姓想使用的话就得交税。上山砍柴，交税！下水捕鱼，交税！干啥都得交税！老百姓就很不爽，私下里咒骂周厉王。为了压制舆论，周厉王又派人"监谤"，对批评者严惩不贷。那时，老百姓在路上互相遇见了都不敢说话，只用眼神交流。用眼神来咒骂周厉王，这就是成语"道路以目"的出处。大臣提醒周厉王"防民之口，甚于防川"①，周厉王却满不在乎。公元前841年，都城里愤怒的贵族和平民发动暴动，将周厉王赶下了台，这就是"国人暴动"②。国君被自己人赶下台，这在历史上还是第一次。

周厉王下台后，由周公③和召公共同摄政，也有说法是共伯和摄政，史称"共和行政"。就这样，公元前841年成了"共和"元年，成为中国第一个确切的纪年。此后的中国历史，一年接着一年地记录，一直到今天。周厉王过了14年的流亡生活，最后抑郁而终，"共和行政"也随之结束。周厉王死后，大臣们拥戴周厉王的儿子继位，也就是周宣王。周宣王吸取了父亲下台的教训，任用贤臣，励精图治，周朝的颓势有所改善，出现了"宣王中兴"的局面。然而，这次中兴更像是一种回光返照。

周宣王死后，儿子周幽王继位。也许是隔代遗传的缘故，周幽王跟他的爷爷很像，非常喜欢折腾。爷爷的折腾多少还带点家国情怀，而孙子完全是为情所困而瞎折腾。周幽王宠爱一个叫褒姒的妾室，爱到痴

---

① 堵老百姓的嘴，就好比堵洪水，一旦决堤，后果将不堪设想。
② 周王室控制的区域和各个诸侯国，其国土一般分为"国"和"野"两个区域。这种划分方式源自分封制，最初分封的时候，诸侯率领本族人到达分封地，要先建一个军事据点，这个据点后来就演化为都城。后来，都城区域被称为"国"，都城以外的区域被称为"野"。居住在都城里的人被称为"国人"，又称"君子"，他们都是贵族及其亲信，属于统治阶层；居住在都城以外区域的人，被称为"野人"，也被称为"庶人"，他们是当地的原住民，属于被统治阶层。一般来说，国人负责当兵作战，野人负责农业生产。
③ 周公旦的后代。

迷。褒姒是个冷美人，不爱笑。为了博美人一笑，周幽王竟然点燃了用于传递军情的烽火台。诸侯一见烽火，以为是外敌入侵，纷纷赶到都城来救驾。看着千军万马被耍得团团转，褒姒还真就笑了。被戏耍的诸侯很恼火，后来，西北的犬戎族入侵，周幽王再次点烽火求救，诸侯都不来了。最后，周幽王死于犬戎之乱，西周就这样戏剧性地落幕了。

爱美人不爱江山，周幽王烽火戏诸侯的故事一直为后世津津乐道。然而，故事的真实性很可疑。因为整军发兵的过程很复杂，行军之路要耗费好几天，有的甚至长达数月。因此，不可能周幽王一点燃烽火，就立即有千军万马赶到。故事里周幽王和褒姒等待的时间，应该是漫长而无趣的，一点也不好笑。更重要的是，历史上的烽火台主要修建于秦汉时期，当时可能压根就没有这东西。所以，这个类似"狼来了"的故事，极有可能是后世编造的，和纣王的"酒池肉林"是同一个套路，又是为了"黑"亡国之君。

2011年，清华大学整理战国竹简，发现了关于幽王亡国的文字记载。西周的灭亡，确实和周幽王宠爱褒姒有关，但并非"烽火戏诸侯"造成的，而是立储纠纷导致的。周幽王的正妻是申后，乃诸侯申侯之女。幽王和申后生有儿子宜臼，按照宗法制，宜臼是嫡长子，理应被立为太子。可是周幽王宠幸褒姒，在恋爱脑的驱使下，他竟然废黜申后，并改立褒姒生的儿子伯服为太子。这一改立，给他惹了大麻烦。古代妻子在夫家的地位很大程度上取决于娘家的势力，见女儿被废，申侯联合周朝的死对头犬戎等，对首都镐京发起了进攻。最后，镐京城破，混乱中，周幽王被杀死于骊山山脚下。

古代王朝是"家天下"，君王的家务事纠纷随时可能演化为重大政治事件。喜新厌旧是人之常情，移情别恋亦是常有之事，然而，如果君王被爱情冲昏了头脑，破坏家庭关系，不仅会妻离子散，还可能身死国亡。后人编造了"烽火戏诸侯"的故事，不仅是要劝诫后世君王，也是想强调"家和万事兴"的道理。然而，这个故事也体现了古代男权社会的一个"甩锅"逻辑——女人是红颜祸水。实际上，红颜只是在"背锅"，主要原因还是在于君王自身的昏庸。君王自己"渣"，遇见谁，谁都是祸水。

流传至今的周幽王烽火戏诸侯的故事，在历史中应该是不存在的

16

坑爹死平王东迁
天子凉诸侯雄起

东周的开始

我国古代的中原政权有一种"华夷之辨"的观念，认为中原华夏是文明的礼仪之邦，周边的少数民族是不服教化的落后蛮夷。然而，西周被犬戎族灭了，文明被野蛮击败，这让中原王朝感到很是丢人现眼。幸好西周灭亡后，周朝还有东周作为续集。

周幽王死后，太子宜臼在姥爷申侯的扶持下继位，是为周平王。手黑姥爷教训了负心女婿，替女儿出了气，可这气出得太过了。犬戎族入侵，不仅杀死了周幽王，还洗劫并摧毁了都城镐京。周平王继位后，在镐京的日子过不下去了。于是，在郑、秦、晋等诸侯国的帮助下，周平王迁都洛邑（在今洛阳附近）。因为洛邑在镐京东面，所以历史上将周平王东迁后的周朝称为东周。

具体来说，东周还可分为两段。前半段是从公元前770年到公元前476年，时间与孔子修订的史书《春秋》大致相当，故而得名"春秋"；后半段是从公元前475年到公元前221年，因为这个时期列国交战，且西汉末年刘向编纂的《战国策》开始用作时代名，故而得名"战国"。

虽然都叫"周"，但东周和西周的政治情况差别很大。西周时期，周天子是"天下共主"，维持着作为老大的体面。可到了东周时期，天子的地位一落千丈，沦为摆设，只能看诸侯的脸色来"续命"。《左传》说"国之大事，在祀与戎。"意思就是，国家的权力，集中体现在礼乐与征战上。对于这两件国之大事，西周天子有绝对的话语权。到了东周，话语权转移到了诸侯那里。孔子对此有精辟的总结：

> 天下有道，则礼乐征伐自天子出；天下无道，则礼乐征伐自诸侯出。①

在孔子的眼里，东周是一个天下无道、礼崩乐坏的时代，周天子只得靠边站了。

周王室衰落的直接原因是犬戎族入侵，大哥的脸面被蛮夷一扫而光。透过现象看本质，周王室衰落的根本原因在于它的实力不行了。西周建立之初，王室控制着大片土地，各个诸侯国无法以一国之力与王室抗衡。可是西周推行了200多年的分封制，封了上百个诸侯国，周王室的土地所剩无几。到东周初年，周王室直接控制的领土只相当于中等诸侯国的大小。另外，西周实行分封制的作用此时也失效了。分封制的本质，是通过血缘纽带对地方实行间接控制。这种血缘纽带在一开始还很管用，但经过200多年岁月的洗刷，周王室与当年那些亲戚和功臣的后人，关系很疏远，形同路人。这就像你跟亲弟弟的关系很近，跟堂弟关系就要远一些，如果是七八代以外的亲属，那估计你都不认识。东周时期，地方已经完全失控，各诸侯国已经是独立状态，连表面的朝觐礼仪，诸侯都懒得做样子了。在历时近300年的春秋时期，鲁国国君仅朝见了周天子3次。要知道，鲁国当年可是分封给周公旦的后代的，是礼仪之邦。连崇尚周礼的鲁国都不搭理天子了，可见天子的处境何其落寞。

一没实力，二没关系，周王室的衰落是历史的必然。可是，作为东周的第一位君主，周平王看不清形势，不愿意接受这个现实，总想在诸侯面前找回一点天子的威严。可结果却是：每找一次面子，就会被诸侯撅（方言，指挫败、使人难堪）一次。

第一个狂撅天子的诸侯国是郑国。郑国是周宣王弟弟的封国，在首都镐京附近。周平王东迁时，郑国全力支持王室，有护驾之功。东周

---

① 出自《论语·季氏》。

初年，周王室非常倚重郑国，郑武公和郑庄公父子相继担任卿士，总揽东周朝政。受到如此器重，郑国有点"飘"了。郑庄公总想着操控周王室，想"挟天子以令诸侯"，这引起了周平王的不满。为了削弱郑国，周平王将郑庄公的权力分割给别的大臣。郑庄公暴怒，竟然公开质问周平王。周平王也没魄力，做了还不敢承认，只好低三下四地向郑庄公解释：这都是没有的事，爱卿别生气！为了维护彼此的"玻璃友情"，周平王和郑庄公互相将儿子送到对方那里做人质，史称"周郑交质"。互相交换儿子做质子，是诸侯国之间常用的外交手段，可以一定程度上避免战争，也可形成军事同盟。天子与诸侯交换质子，说明天子的地位已经沦落到和诸侯一样了，再也不是唯我独尊的"天下共主"了。

周平王死后，其孙子周桓王继位。他也不满郑国架空王室权力，直接把郑庄公开除了公职。郑庄公连他爷爷都不惯着，怎么会惯着孙子？为了报复周桓王，郑庄公派人把洛邑附近的王室庄稼给收割走了。这件事的伤害性不大，但侮辱性极强。周桓王得知后，气得跳脚，这哪能行啊？以后在其他诸侯小弟面前我还怎么混！周桓王比他爷爷有魄力，亲率军队去讨伐郑国，结果大败而归。战争中，周桓王的肩膀还被郑军射中了一箭。从此，周天子的肩膀就再也担负不起"天下共主"的重任了。

虽然周朝是中国历史上国祚最长的朝代，但天子治天下只有西周时不到300年的时间。整个东周的500多年里，天子一直是"打酱油"的角色。主角的光环，转移到了各位诸侯身上，历史进入了一个群星闪耀的年代。春秋时期，100多个诸侯国同台竞技，上演了一出出风起云涌、旨在称霸天下的历史大戏。

周天子亲自指挥了讨伐郑国的战役,却输掉了王室的尊严和未来

17

勿忘在莒成大器
霸业如梦一场戏

春秋五霸（上）

春秋三百年，天子打酱油，"礼乐征伐自诸侯出"。100多个诸侯国混战不休，强大者，凭借武力和威望号令群雄，称霸天下。这期间，出现了几个诸侯霸主，史称"春秋五霸"。

五霸之首是齐桓公[①]，姓姜名小白，是姜尚的第十二代孙。小白的哥哥齐襄公荒淫无道，齐国动荡不安。为了避祸，小白跑到了附近的莒国。小白有一个谋士，叫鲍叔牙。鲍叔牙有一个好朋友叫管仲，管仲辅佐着小白的哥哥公子纠。公子纠当时跑到了邻近的鲁国避难。后来，齐襄公被杀，齐国群龙无首，小白和公子纠都着急赶回国继承王位。管仲一面让公子纠赶路，一面亲自率兵车拦截小白。堵到小白后，管仲就朝他射了一箭，小白被射中，口吐鲜血倒下。公子纠一看没人和自己争夺王位了，以为必得，就放慢了回国的脚步。不承想，管仲那一箭射在了小白的带钩上（带钩是古人腰带上的挂钩，多用青铜铸造，也有用黄金、白银、铁、玉等制成的），小白咬破舌头吐血装死，逃过了一劫。随后，小白日夜兼程，率先赶回了齐国继位，成为齐桓公。

政治斗争无比残酷，输了就会死，哪怕是亲兄弟也一样。齐桓公即位后，公子纠被逼而死。管仲差点也被杀，但鲍叔牙劝说齐桓公：如果只想当个诸侯，让自己来辅佐就够了；如果想称霸天下，就必须重用

[①] "公"是诸侯死后对其的尊称，并非真实爵位。史书称呼诸侯时，一般把国号放在前，尊称放在后，中间再加上这个诸侯的谥号。"桓"就是齐桓公的谥号。

管仲。齐桓公心胸广大，任用管仲为国相，相当于今天的总理。在管仲的主持下，齐国开始了以富国强兵为目标的改革。在富国方面，齐国废除了井田制，承认土地私有，然后"相地而衰征"，根据土地的实际情况而征税。齐国临海，管仲还大兴鱼盐之利。为了吸引外商，管仲出台了诸多招商政策。比如每隔30里建一个客舍，供外商投宿。外商来一辆车，可免费用餐；来三辆车，可免费喂马；来五辆车，还会给配备侍从。管仲还在都城临淄开办国营妓院，称为"女闾"。这不仅吸引了外商，还增加了政府的收入。强兵方面，管仲编练了三军，将招兵范围扩大到乡野庶人，建立了强大的常备军。

管仲改革后，齐国迅速崛起。可光有实力还不行，还得有让诸侯信服的威望。为此，齐桓公打出了"尊王攘夷"的旗号，"尊王"就是尊崇周天子，"攘夷"就是抵御蛮夷。这里的"蛮夷"，主要指南方的楚国。齐桓公曾组织八国诸侯联军伐楚，迫使楚国讲和。公元前651年，齐桓公在葵丘会见诸侯，周天子也派人参加了大会，并赐予齐桓公祭祀用的胙肉，这等于是认可了齐桓公的霸主地位。

成为霸主后的齐桓公有点"飘"，他想封禅[①]泰山，这可是功勋卓著的天子才能做的事情。幸好管仲直言劝谏，齐桓公才作罢。管仲提醒齐桓公，不要忘记早年在莒国流亡的日子，要居安思危，这就是成语"勿忘在莒"的出处。可是，晚年的齐桓公丧失了奋斗的初心，总是喜欢和阿谀奉承他的小人混在一起。齐桓公有个叫易牙的臣下，他听说齐桓公想吃婴儿肉，就杀了自己的儿子进献。管仲临死前，一再告诫齐桓公要远离易牙等小人。可齐桓公不听，偏要重用他们治国，齐国走向了衰败。齐桓公四十三年（公元前643年），齐桓公病重，5个儿子互相攻打对方，忙着夺权，齐国陷入大乱。最后，齐桓公在混乱中饿死，死了67天也没人管，蛆虫爬满了尸体。一代霸主的一生以这样的方式收场，着实令人唏嘘。

齐桓公死后，齐国的霸业戛然而止，风水转到了晋国这边。晋国地处中原核心地带，疆域辽阔，有称霸的先天条件。晋文公还接过了"尊

[①] "封"指祭天，"禅"指祭地。古代君主在国力强盛或出现祥瑞的时候会举行祭天、祭地的封禅典礼。

葵丘之盟后，齐桓公成为春秋时期首位霸主

王攘夷"大旗，带领中原诸侯对抗楚国。公元前632年，晋、楚两国在城濮大战，这是春秋时期规模最大的战争。晋文公早年曾流亡于楚国，受到了楚成王的礼遇。为表谢意，晋文公许诺：如果今后晋楚开战，晋军会退后三舍①。城濮之战开战后，晋军果真退后了三舍。可这并不是为了表达谢意，而是诱敌深入之计。楚军见晋军后退，轻敌追击，结果遭到惨败。城濮之战胜利后，晋文公大会诸侯，成为春秋时期第二位霸主。

春秋第三霸是楚庄王。楚国地处南方，文化与中原迥异。商周之际，楚人首领鬻熊投靠周王室，因而获得分封，但只获得了子爵，是等级最低的诸侯。显然，被视为南方蛮夷的楚国受到了周王室的轻视。但另一方面，南方远离中原的纷争，楚国可以闷声发大财。春秋时期，楚国占据了整个长江中游地区，实力大增。以为自己厉害了，楚国就向周天子索要更高级的爵位，结果被无情拒绝。一气之下，楚国国君自立称王，不跟周朝一起玩了。这引起了中原诸侯更强烈的反感，因此中原诸侯多次联合伐楚。然而，楚国就像打不死的小强，始终没有被打倒。楚庄王时，楚军北进中原，饮马黄河，在周王室的洛邑附近举行大规模阅兵。忐忑的周天子派王孙满去慰劳楚军，楚庄王挑衅地问道：天子的九鼎有多大？有多重？这就是著名的"问鼎中原"事件，体现了楚国取代周朝的野心。王孙满巧妙地回答道：

> （天子之位）在德不在鼎。……周德虽衰，天命未改，鼎之轻重，未可问也。②

这一机智的外交回答，让楚庄王认识到楚国的威望和实力还不足。问鼎中原，最后也只是问问罢了。

功成名就的人，最怕忘乎所以，站得越高，摔得越惨。齐桓公晚年忘记初心，最后结局凄惨；相比之下，楚庄王问鼎中原，虽然有点"飘"，但最后还是清醒地认识到了自己的不足，及时止损。

---

① "舍"在古代是距离单位，一舍合30里。
② 出自《左传·宣公三年》。

18

秦穆公与狼共舞
宋襄公傻帽贵族

春秋五霸（下）

齐、晋、楚是春秋时期最强大的三个国家，齐桓公、晋文公、楚庄王也是春秋五霸中公认的三个霸主。至于另外两个霸主是谁，历来众说纷纭。有两种主流说法：第一种说法是秦穆公和宋襄公，第二种说法是吴王阖闾和越王勾践。

相传，秦人的祖先因为擅长饲养鸟兽而得到舜的赏识，被赐姓为嬴。到了商朝，秦人又负责为商王驾驭马车，因为表现出色，以"御用老司机"的身份步入贵族行列。西周建立后，秦人因参与三监之乱，被周公旦从山东迁徙到了西北地区。秦人在春秋时期被称为"秦夷"，可能是因为他们的老家在山东（东方的部族被称为"夷"）。到了西北地区后，秦人又干起了老本行——给周天子养马。周平王东迁时，秦襄公派出车队护送，立下勤王之功，被正式封为诸侯，所以，秦襄公也是秦国的开国君主。周平王还给秦襄公开了一张空头支票：西北戎族十分生猛，把我父王都杀死了，如果你们秦人能赶走戎族，西北那片地方就归你们。从此，秦人开始了与狼共舞的日子，长期与戎族战斗。经过100多年的努力，秦人先后征服了众多戎族小国，史称"益国十二，开地千里"，真的兑现了周平王开的空头支票。秦穆公时，秦国"遂霸西戎"，晋升为春秋强国。

吴、越两国地处长江下游，吴国的领土范围大致相当于今天的江苏，越国则相当于今天的浙江，是"包邮区"的两个邻居。春秋末期，吴、越展开了长达半个世纪的争霸。两国矛盾的根源在于地缘政治。吴国想参与中原的争霸，一心要解决越国这个后顾之忧；越国想北进中原，也势必以吴国为通道。公元前496年，吴王阖闾进攻越国。由于冲锋的时候用力过猛，阖闾的脚趾被越军砍断，最后不治而亡。阖闾死后，儿子夫差继位。两年后，越国趁机进攻吴国，被夫差击败。吴军乘胜追击，攻入越国境内，占领都城会稽。越王勾践走投无路，只好向吴国投降。吴国大臣伍子胥劝谏夫差："今不灭越，后必悔之。"可是夫差没有采纳伍子胥的建议，只要求勾践到吴国来做人质。

勾践来到吴国，给夫差当了三年的"小力巴儿"（干杂活的人）。他又是驾车，又是喂马，把夫差伺候得舒舒服服的，最后被释放回国。回国后，勾践每天睡在柴草上，还在卧室内挂了一只苦胆，每顿饭前都要尝一下苦胆的味道。勾践自虐，卧薪尝胆，以提醒自己牢记被俘的耻辱，立志报仇雪恨。勾践推行了一系列的强国计划，最重要的是鼓励生育。具体内容是：孩子出生时，官府会派医生前来助产。如果生的是男孩，国家奖励两壶好酒加一条狗；如果生的是女孩，国家奖励两壶好酒加一头小猪。如果生了三胎，国家还会免费安排育婴师。如果生了两个儿子，国家就免费供应粮食[1]。生活在勾践时代的越国，只要你努力生孩子，就可以衣食无忧。经过十多年的努力，越国国力大增，开始了复仇之战。在勾践战败的20年后，越军攻入吴国首都，灭掉了吴国。勾践本想将夫差流放软禁，并给他百户人家供养他。夫差却说：

孤老矣，不能事君王也。吾悔不用子胥之言，自令陷此。[2]

最后，夫差拔剑自刎。一代霸主在悔恨中死去，一代霸主又在复仇中崛起。

春秋时期最有趣的霸主要数宋襄公。他能称霸，靠的不是实力，而

---

[1] 将免者以告，公令医守之。生丈夫，二壶酒，一犬；生女子，二壶酒，一豚；生三人，公与之母；生二子，公与之饩。（《国语》）
[2] 出自《史记·吴太伯世家》。

苦心人，天不负，卧薪尝胆，三千越甲可吞吴

是气质，一种贵族的气质。周朝崇尚一种贵族精神，具体表现为君子守礼的信义，是一种礼乐文化影响下的品行做派。宋楚泓水之战中，宋襄公完美诠释了这种贵族精神。开战前，宋军已经严阵以待，楚军则要渡过泓水前来交战。宋军将领建议趁楚军渡河时发起进攻，宋襄公却拒绝了，他解释道："君子打仗，不能攻击已经重伤的敌人，不能擒杀须发斑白的老人；敌人处于险境，不能乘人之危。"①在宋襄公的坚持下，楚军渡河并列阵完毕后，宋军才发起进攻。结果，宋军因寡不敌众而大败。宋襄公的大腿还被射了一箭，第二年箭伤恶化，他优雅地死去了。

今人读到宋襄公的故事，大多会嘲笑他是个傻帽，笑他不懂得尔虞我诈，输了活该！的确，从功利的角度看，宋襄公确实有些愚蠢，至少在弱肉强食的战乱时代是个另类。但从文明的视角来看，有些东西远比生死成败更为重要，那就是道义与精神。也许，战争的残酷和胜者的淫威，早已让大家对道义失去了信心。可是，中国历史上至少还有宋襄公这样的人，在坚守着最后的贵族精神，传承着文明的基因。即便迎着冷眼与嘲笑，他们也从没有放弃过心中的理想。虽然势小，却从未断绝。这种无谓成败、宁可身死也不放弃价值操守的精神，正是让中华文明能够绵延数千年的精神。司马迁在《史记》中将宋襄公列为春秋五霸，表明了史学家对他的认同，这也代表了后世士人阶层对道义的态度。

近代以来，人类文明觉醒，各种国际公约都不允许在战争中存在虐杀战俘、不宣而战、滥杀无辜的行为。这些原则与宋襄公倡导的道义不谋而合。宋襄公的失败，并不是道义的失败，而是春秋那个时代真的"礼崩乐坏"了。

---

① 君子不重伤，不禽二毛。古之为军也，不以阻隘也。（《左传·僖公二十二年》）

19

淘汰赛战国七雄
铁器现变法图强

战国的到来

　　常年的争霸战争，让民众苦不堪言，国君也筋疲力尽。春秋后期，在宋国的斡旋下，晋、楚两国形成了"弭兵之盟"，各诸侯国达成和平协议。可是好景不长，当历史的长河在春秋时代流淌了三百年后，便汹涌地奔向了战国时代。战国时期的历史，更加动荡而惨烈。

　　关于春秋与战国的时间界限，传统观点是把周元王即位的公元前475年作为分界线，大抵是因为《史记·六国年表》始于周元王元年。但这一分法有一个明显的不足，它将春秋时期最后一位霸主勾践划入了战国时代。所以，目前学界也有许多人倾向于将公元前453年作为战国时期的开端，因为这一年发生了一件划时代的事情——晋国解体了。

　　春秋后期，在弭兵运动的影响下，大国间的争霸渐消，各国转而开始内部争斗。在诸侯国内部，掌握军权的卿大夫渐渐成了权力主宰。最典型的是晋国，这个超级大国的政权被智氏、赵氏、魏氏、韩氏四家卿大夫所把持。国君只能忐忑地靠边站，像周天子一样成了吉祥物。四家卿大夫中，智家的势力最大。公元前453年，智家想要黑吃黑，要求赵、魏、韩三家捐献土地，不料打狗不成反被咬，智家被其他三家组团灭掉。随后，三家各立门户，晋国被瓜分，变成了赵、魏、韩三国。周天子也管不了，只能送了个顺水人情，承认三国的诸侯身份。晋国解体半个多世纪后，春秋的另一超级大国——齐国，也发生了剧变。齐国本是周朝开国功臣姜尚的封国，故称姜氏齐国。春秋末年，齐国的大权被卿大夫田氏把持着。公元前391年，田氏废掉了国君，自立为王。但田氏没有更改国号，继续穿着齐国的"马甲"跻身诸侯行列，史称"田氏代齐"。可以看出，战国时代的天下更加无道，已然不是"礼乐征伐自诸侯出"，而是"礼乐征伐自卿大夫出"了。

战国时期，诸侯国间的战争更为激烈，战争性质也变了味。春秋时期，诸侯间的战争多是为了称霸，相当于争面子的"排位赛"。到了战国时期，"排位赛"变成了你死我活的"淘汰赛"。战争的目的不再是称霸，而是吞并对方的领土，甚至彻底消灭对方。春秋时期的100多个诸侯国，到战国时期仅剩10余个，其中有7个大国，被合称为"战国七雄"。其中，晋国解体形成的赵、魏、韩三国，占了七雄中的三雄；田氏齐国占了一雄；打不死的小强——楚国，依旧在南方坚挺着，也占一雄；七雄的另外两雄，是地处西北地区的秦国和靠近东北地区的燕国。秦、燕两国地处边疆，长期与游牧民族为邻，磨炼出了强悍的战斗力。战国七雄，按照地理位置来看，东南西北到中间分别是齐、楚、秦、燕、赵、魏、韩。七雄之外，还有极少数幸存的小诸侯国。它们只能躲在角落里苟延残喘，瑟瑟发抖地等待着大国的"命运审判"。

战国时期，战争的形式和规模较春秋时期也大为不同。春秋时期的战争形式以战车作战为主，步兵为辅，规模不过万人左右。交战时，双方军队在平原上互相攻击，只要对方败退了，就决出胜负了。这种战争讲究程序和礼节，双方点到为止，透着文质彬彬的贵族精神，讲究武德。而战国时期的战争形式则以步兵为主、骑兵为辅，双方疯狂厮杀，不杀个你死我活决不罢休。双方常常举全国之力，动员几十万甚至上百万人参战，仗一打就是好几年。战争中还伴有虐杀战俘和屠城的现象，极为惨烈、野蛮，毫无道义可言。

面对攸关生死存亡的残酷竞赛，各国都在拼命地提升国力，想尽办法调动国内的全部资源。而战国时期的生产方式和社会结构又和春秋时期大不相同。战国时期，中国进入铁器时代。生产方式上，铁器和牛耕技术在春秋末期出现，在战国时期得到推广，使得生产力水平空前提高。不同于贵族专属的青铜器，铁器成为农民普遍使用的生产工具。凭借铁制农具，农民开垦出更多的土地，这些土地自然便成为农民的私战国后期的"战国七雄"

田。农民精心耕种私田，公田则任其荒芜，井田制因此瓦解，土地私有制成为主流。国家失去了公田的收入，就要对经济制度进行改革，否则养不起政府和军队。生产力的提高也加速了社会结构的改变。《吕氏春秋》记载，战国时期，一个农民种100亩地就可以养活5~9口人，这使得人口数量激增。春秋时期的"小国寡民"膨胀成战国时的"人口泱泱"，小型简单社会演变成了大型复杂社会。显然，过去的社会管理方式无法适应当下的社会发展了。这一系列的变化，使战国进入一个全新的时代。新的时代要求新的制度，变法成为战国时代的政治潮流。所谓变法，是对国家制度，包括政治体制、经济体制、社会管理方式等进行变革。

魏国开启了战国变法运动的大幕，其变法由国相李悝主持。李悝变法的核心思想是废除贵族特权，加强国家对社会的全面管控。李悝的变法非常成功，使魏国在战国七雄中率先崛起。各国纷纷效仿魏国，根据李悝变法的内容进行模仿和改进，代表性的变法还有楚国的吴起变法、齐国的邹忌变法、韩国的申不害变法等。在各国的变法中，变革最彻底、影响最深远、效果最佳的，当数秦国的商鞅变法。商鞅变法不仅改变了秦国，还影响了未来两千年中国历史的走向。

20

中央集权一人治
商鞅变法秦逆袭

商鞅变法

　　商鞅出身于卫国贵族，因为他后来的封地在商，所以人们都称他为商鞅。商鞅年轻时喜好刑名之学，整天研究法律制度、驾驭臣民等问题，这就是后来的法家学说。商鞅最初想在魏国效力，那时的魏国是战国初期的强国，魏国的国相公叔痤发现商鞅是个人才，便在弥留之际向魏惠王举荐商鞅，并建议"举国而听之"。魏惠王没理睬他，以为公叔痤病糊涂了，居然要把国家交给一个无名小辈。公叔痤看出了魏惠王的态度，紧接着又说道："如果大王不用商鞅，就杀了他，防止他出境去为别国效力。"[1]魏惠王走后，公叔痤立即叫来商鞅，把刚才的事和盘托出，让商鞅赶紧跑路。公叔痤这样做，虽然有点"精神分裂"，但先公后私，也算是忠义两全。商鞅听完很淡定，对公叔痤说："既然魏王不会听你的建议重用我，那他又怎么会听你的劝告杀了我呢？"[2]果然，魏惠王并未搭理商鞅。从此事可以看出，商鞅对人心和权术的体察，可谓鞭辟入里。此处不留爷，自有留爷处。公叔痤死后，商鞅来到了"隔壁"的秦国。

　　此时，秦霸西北已三四百年，但同其他六雄相比，秦国依旧是"后进生"。魏国凭变法强大后，就经常欺侮秦国。公元前361年，秦孝公即位，他感叹"诸侯卑秦，丑莫大焉"，立志要改变落后面貌，变法图

---

[1] 王即不听用鞅，必杀之，无令出境。（《史记·商君列传》）
[2] 彼王不能用君之言任臣，又安能用君之言杀臣乎？（《史记·商君列传》）

强。因此，秦孝公下达了求贤令，跪求治国能手。他还许诺，谁能"出奇计强秦"，将"与之分土"，以领土作为奖赏。商鞅想方设法见到了秦孝公，他们一个壮志难酬，一个求贤若渴，二人相遇，干柴烈火。公元前356年，商鞅开始在秦国实行变法。变法的核心理念，是加强君主集权，实现国家对民众的全面驾驭，从而提高国家机器的战斗力。

首先，要让民众拼命为国家干活，多种地、多交税，这样才有财力对外征战。为此，商鞅推出了"奖励耕织"的政策，种地多、织布多的民众会得到奖励。为了鼓励民众种地，商鞅还"废井田，开阡陌"[1]，承认土地私有制。土地成为私产，民众干活的积极性就提高了，国家税收也随之增加。商鞅鄙视商业，认为商人不从事生产，只会投机倒把赚差价，不劳而获。所以，商鞅下令惩罚那些弃农从商的人。这种"重农抑商"的观念，成为后世历代王朝的主流治国思想，直到唐宋时期才有所转变。

其次，变法要加强国家对地方和民众的控制，商鞅为此推行县制和连坐法。分封制下，诸侯将地方交给卿大夫管理。由于卿大夫也是世袭的，这就很容易造成诸侯国内部分权和地方割据，严重时则会出现类似"三家分晋"和"田氏代齐"的情况。商鞅在秦国普遍推行县制，在地方设立县，长官由国君任免，不再是由世袭者管理。县制是一种新型行政制度，它大大加强了中央集权，提高了君主的权威。连坐法是一种针对民众的基层管理模式，民众5家编为"一伍"，10家编为"一什"，彼此间相互监视，揭发犯罪。邻居犯罪，你若隐瞒不报，也要跟着连坐受罚。商鞅还创立了身份文书制度，类似今天的身份证[2]。没有身份证明，禁止外出和住店，民众的流动受到了严格管控。

---

[1] 所谓阡陌，指的是井田制之下田与田之间用于划界的小道，纵向为"阡"，横向为"陌"。"开阡陌"，就是毁掉井田的疆界，等于废除了井田制。

[2] 秦国的身份文书名为"照身帖"。相传，这种照身帖由一块打磨光滑的竹板制成，上面刻着持有人的头像及籍贯信息。秦国人必须持有照身帖，如若没有便会被认定是黑户或者外籍非法逗留人士。商鞅还规定：民众出行或者投宿旅店时必须携带照身帖，否则关口不可放行，旅店老板亦不得留宿，违者严惩。照身帖可视为中国最早的身份证。后来，商鞅因自己的规定作茧自缚。商鞅因变法得罪了很多人，在其支持者秦孝公死后，那些憎恨商鞅的人要反攻倒算，商鞅果断跑路。然而，因为照身帖的问题，商鞅跑路失败，最终被处死。

商鞅变法的终极目标是为战争服务，所以还需动员民众踊跃参军。为此，商鞅废除了贵族特权，取而代之的是二十等军功爵制度。士兵每杀一个敌人，就能获得一级爵位。杀敌的证明方法，是割下敌人的耳朵带回来。每获得一等爵位，可得到相应的田宅和奴婢。这种奖励机制极具诱惑力，民众通过杀敌便可获得爵位，有了改变命运的途径。军功爵制度实行后，秦国百姓日常聊天都会聊与战争相关的话题。别国百姓听说要打仗了，便会唉声叹气，怕上战场送命；而秦国百姓听说要打仗了，就像是听到了发财的机会，一个个兴奋无比，拍手庆贺，彼此相约上战场抢人头。抢到了人头，就是抢到了功名利禄。战场上的秦军士兵，看见敌人就会两眼放光，如同虎狼，人送绰号"虎狼之师"。

商鞅变法将秦国改造成一个巨大的战争机器，全体臣民皆是零部件。有学者统计，秦国当时能够动员人口的8%～20%参加战争，西方同时期的罗马共和国，仅能动员到1%。商鞅变法的成功，彻底改变了秦国，为秦国的崛起和后来统一六国奠定了基础。商鞅变法能够在秦国取得成功，还在于其变法内容很符合秦国质朴的社会风气。秦国地处西北，远离礼乐文化的熏陶。这样的国民很容易被改造成无脑的战争机器，可以最大限度地剥离独立人格和道义精神，商鞅变法和秦国的国民性格，可谓"珠联璧合"。

商鞅变法还开创了一种新的国家治理模式，表面称法治，实际上却是人治，是君主"一人治"，即君主专制。商鞅变法前，诸侯国盛行"多人治"模式。天子由诸侯分权，诸侯由卿大夫分权。商鞅变法后，"一人治"取代"多人治"，这种模式被称为"君主专制主义中央集权制"，它成为后世中国王朝政治的主流模式。实际上，"多人治"和"一人治"各有利弊。"多人治"可以集思广益，有效防止一人失误而贻害天下；但它容易造成政治分权，不利于动员全国力量。"一人治"可以集中力量办大事，但也容易集中力量办错事，甚至是办坏事。商鞅变法之后，"一人治"在我国不断强化，明清时期达到顶峰。王朝兴衰和苍生福祉，全系于君主一人之手。可谓兴也"一人治"，衰也"一人治"。

通过商鞅变法，秦国国富兵强。崇尚法家思想的官僚政治，开始替代春秋时期的贵族政治

21

连横合纵斗百年
长平之战到终场

战国的局势

在战国时代的生死竞速中，秦国实现了"弯道超车"。商鞅变法后，秦国迅速崛起，成了最强大的国家。面对错综变化的时局，各国不断调整外交策略。一会儿合纵，一会儿连横，纵横间，七雄死磕了200多年。总体来看，战国时期的局势可分为三个阶段：魏国"一超多强"，齐、秦"两极格局"，秦国一家独大。

战国初期，最先崛起的是三晋（赵国、魏国、韩国）中的魏国。魏国地处中原腹地，经济富庶，人口众多，又有李悝率先实行变法，崛起也在意料之中。由于地理位置很"中原"，这让魏国便于四面出击。魏国南下伐楚，夺取了楚国的中原领土。然后又北上攻赵，公元前354年，庞涓率魏军围困赵国都城邯郸，企图一举灭赵。赵国向另一个强国齐国求救，然而齐国并未立即出兵支援，而是想坐山观虎斗，再伺机出手。邯郸被围一年后，即将破城。这时，齐国才派出以田忌为大将、孙膑为军师的援赵部队。孙膑和庞涓本是同学，都曾求学于鬼谷子门下。孙膑的能力在庞涓之上，被嫉贤妒能的庞涓所陷害，膝盖骨被剔除。冤家路窄，两个老同学之间的矛盾，此时演变为两个国家间的战争。孙膑的确技高一筹，他采取避实击虚的战略，没有直接去解救邯郸之围，而是利用魏国本土空虚之机，出其不意地攻打魏国都城大梁，这一策略被兵法称为"围魏救赵"。庞涓见都城被围，立即率军回防，途中在桂陵遭到齐军伏击，魏军惨败。

10余年后，恢复了实力的魏国，又发起了对韩国的进攻。韩国也向齐国求救，孙膑如法炮制，又来了个"围魏救韩"。这次魏国派了10万大军，想要一雪前耻。为了诱敌深入，孙膑选择示弱后撤。撤退途中，他下令逐日减少做饭用的灶坑数量，使庞涓误以为齐军正四散逃亡。庞涓再次上当，率军日夜追赶，轻敌冒进，最后在马陵被齐军设伏围歼。马陵之战，庞涓自杀，魏太子被俘，魏国受到了重创。祸不单行，西方的秦国经过商鞅变法后在此时崛起，也加入了攻魏的阵营。地处中原的核心位置，既是魏国的优势，也是魏国的劣势。在周遭群起而攻之的窘境下，魏国再也支棱不起来了。

魏国衰落后，齐、秦两国取而代之，战国形成"两极格局"。两国一东一西，国君彼此称"东帝""西帝"。夹在中间的赵、魏、韩三国，处境很尴尬。有时候，三国会联合起来抵抗其中一强，是为"合纵"，因三国地域南北纵向分布而得名；有时候，三国中的一国又会与其中一强组成横向的联盟，攻击其他弱国，称"连横"。北方的燕国与南方的楚国，有时候也会加入合纵与连横的活动。"纵横"一词，便来源于此时的外交关系。在复杂的局势中，各国涌现了一批专职外交的辩士，他们穿梭于七雄之间，宣传各种外交策略，被称为"纵横家"。代表性的有鼓吹合纵的苏秦，还有宣扬连横的张仪。合纵一度取得巨大成果，苏秦曾同时佩戴六国相印，协调东方六国抗秦，使秦国15年没法出函谷关东扩。

秦国转而向南发展，灭掉了蜀国和巴国，吞并成都平原，并在这里设置蜀郡。不久，蜀郡太守李冰修建了都江堰[①]，将成都平原改造成了"天府之国"，它为秦国提供了雄厚的物资保障。相比而言，合纵主要针对的是秦国，齐国也曾参与合纵抗秦。可合纵的各国总是同床异梦，心怀鬼胎。公元前286年，齐国灭宋，引发众怒。两年后，燕、秦、韩、

---

① 都江堰是中国古代建设并使用至今的大型水利工程，由战国时期秦国蜀郡太守李冰于公元前256年前后主持始建。经过历代整修，2200多年来，都江堰依然发挥着巨大的作用。整个都江堰枢纽可分为渠首和灌溉水网两大系统，其中渠首包括鱼嘴（分水工程）、飞沙堰（分洪排沙工程）、宝瓶口（引水工程）三大主体工程，此外还有内外金刚堤、人字堤及其他附属建筑。都江堰工程以引水灌溉为主，兼有防洪排沙、水运、城市供水等综合效用，它所灌溉的成都平原有着"天府之国"的美誉。

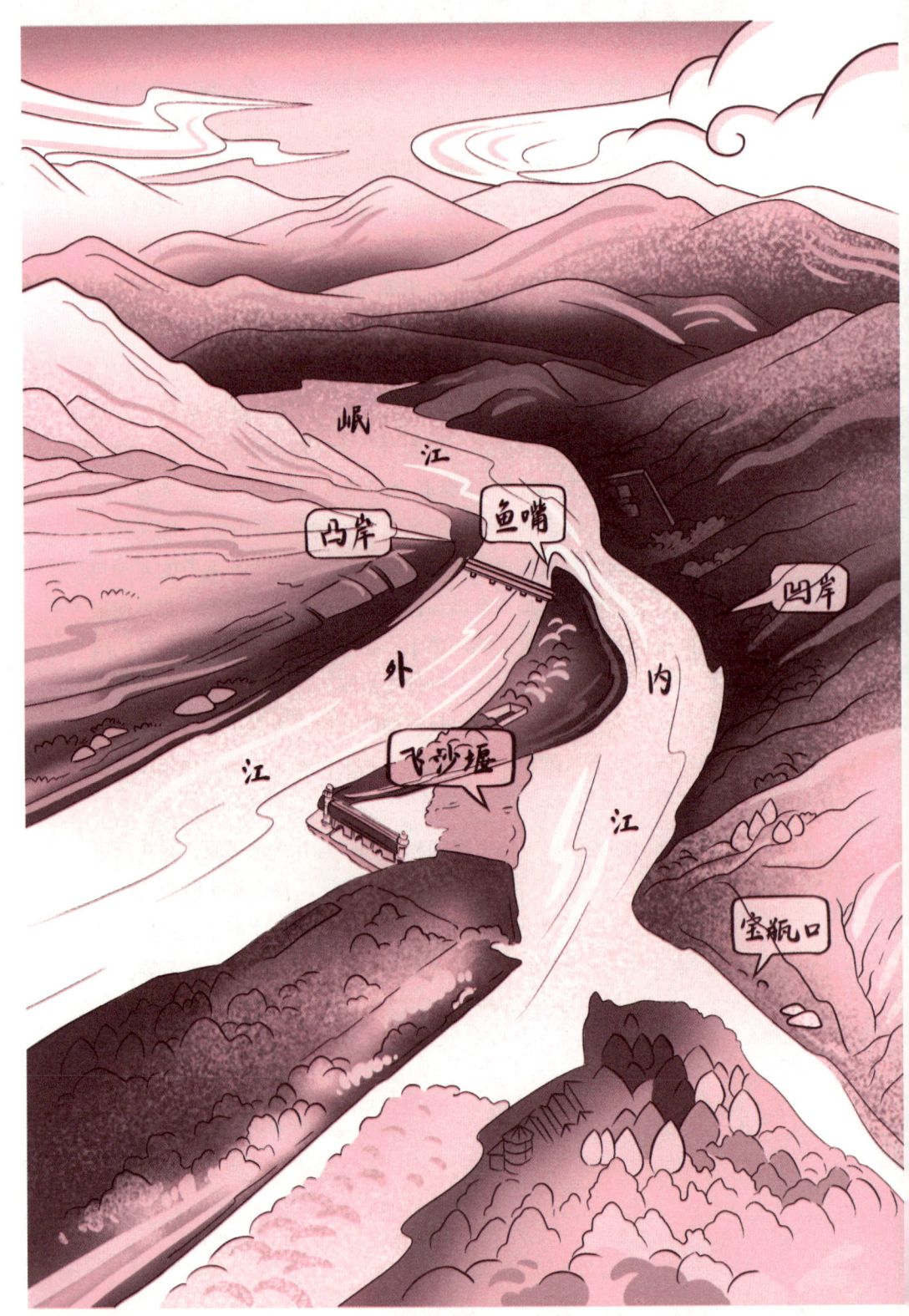

都江堰水利工程示意图（参考《中国国家地理》2003年9月刊用图，原绘图/李洋）

赵、魏五国联军攻齐，一度攻陷齐都临淄，齐国从此一蹶不振。齐、秦"两极格局"随之结束，战国的历史进入了秦国一家独大的最后阶段。

战国后期，唯一能与秦国抗衡的，是新近崛起的赵国。赵国地处北方边境，与游牧民族为邻。游牧民族特有的骑兵部队的战斗力和机动性俱佳，这让赵武灵王大受震撼。于是，赵国推行了"胡服骑射"的军事改革，组建了强大的骑兵部队。军事上坚挺起来的赵国，成为秦国统一道路上的最后一块绊脚石。公元前262年，秦、赵之间爆发长平之战，这是秦国统一天下的战略性决战。

长平之战初期，赵军主帅是老将廉颇。廉颇老谋深算，他深知赵军不能和秦军硬碰硬，便采取严防死守的战术。他筑垒固守，龟缩于阵地，成功牵制了秦军，双方陷入消耗战。秦国补给不便，不想和廉颇这个"老乌龟"耗下去，便使用了反间计。秦国派奸细去赵国散布谣言，说廉颇要投降了，还说秦军最怕的是赵国的大将赵括。赵国果然中计，换下廉颇，改派只会纸上谈兵的赵括为主帅。秦军则秘密地换白起为主帅，他因曾大量歼灭敌军而闻名，绰号"人屠"。据近代学者梁启超考证，整个战国时期，各国共战死了大概200万人，其中有一半是白起指挥歼灭的。赵括到达前线后，贸然出击，被秦军合围。为了全歼赵军，秦国将长平附近15岁以上的男子全部征上战场，并给他们都加封一级爵位以鼓舞士气。最终，40多万赵军投降。白起下令，将赵军俘虏全部活埋坑杀，仅放了240名童子兵回国报丧。闻此噩耗，赵国举国震动，几乎家家挂孝，处处哀号。

长平之战结束后，秦国统一天下只是时间问题。战后第二年，在赵国都城邯郸，身为质子的秦国公子异人，有了一个儿子。这便是后来横扫六合而一统天下的嬴政。

22

扫六合大秦一统
成帝业战国曲终

秦灭六国

春秋战国时期，列国混战数百年，令民众疲惫不堪。各国民众十分渴望和平与稳定，不想再打仗了。随着铁器和牛耕的推广，生产力进一步发展，这使各地区的经济交流更加密切。国与国之间的隔阂在淡化，"天下一家"的观念逐渐形成。诸子百家中，儒家探讨的"仁爱"与"仁政"，并无国别之分；墨家提出的"兼爱"，超越了国家和阶级；法家所倡导的中央集权，也主张天下统一。这一切都说明：统一已经成为大势所趋。那么，由哪个国家来顺应趋势，最终完成统一呢？历史选择了秦国。

首先，秦国地理位置绝佳。它独占西部的关中平原，沃野千里，是最早的"天府之国"。从关中到中原，中间有崤山天险做屏障，仅有一条狭长的崤函道可以进出，秦国在此处修建了函谷关以扼守。秦国"据殽函之固，拥雍州之地"，进可以席卷东方六国，退可以固守关中沃土。后来，秦国又南下征服巴蜀，修建都江堰，将成都平原改造成了新的"天府之国"，作为自己征服天下的后方基地。

其次，秦人拥有纯朴、彪悍的国民性格，是天生的战争机器。秦国的文化水平落后于中原各国，秦人头脑纯朴、作风彪悍，更适合中央集权和国家军事化体制。经过商鞅变法的改造，秦人个个都甘当国家的战争机器，造就了秦军这支虎狼之师。在冷兵器时代，有时候胜负与否不看谁的文明程度更高，而看谁更野蛮。

最后，秦孝公以后的秦国历代君王，都前赴后继地推进统一大业，没有出现一个昏庸无能之辈。他们广纳治国能人，发展农业经济，集中全部力量搞军事建设。统一的策略，秦国也运用得当。先瓦解了六国合纵，后期还确立了"远交近攻"的正确策略。一切水到渠成后，秦国迎来了动荡的终结者——秦王嬴政。嬴政"奋六世之余烈"，横扫六国，最终实现了天下一统。

嬴政的父亲是秦庄襄王，本名异人，后改名子楚。异人做公子时，被送到了赵国当质子。在赵国，异人结识了一个叫吕不韦的富商。吕不韦认为异人很有政治潜力，就像一件奇货，如果囤积起来，将来可获取暴利，这便是成语"奇货可居"的出处。于是，吕不韦就像天使投资人一样，出重金为异人在秦国搞政治活动，协助他今后继承秦王之位。吕不韦还将自己一个擅长跳舞的姬妾送给了异人，此女就是赵姬。根据《史记》的记载，赵姬被送给异人之前，已经怀有身孕。和异人生活了10个月后，赵姬生下了一个男婴，这个男婴被取名为嬴政，也就是后来的秦始皇。所以，吕不韦有可能是嬴政的亲生父亲，但异人对此并不知情。后来，异人回国，成功继位为秦王，吕不韦也被拜为相国。

异人在位仅三年便去世了，13岁的嬴政继位。嬴政尊称吕不韦为"仲父"，也就是干爹。吕不韦在掌权期间继续推进秦国的统一事业。他模仿六国贵族养士的风气，招纳宾客三千，让他们编纂出《吕氏春秋》一书。这部书融汇各家之所长，一改秦国的单一的法家治国理念，吸取了部分儒家和道家的政治学说。实际上，吕不韦认识到了法家的不足，想为即将统一的秦国提供一套更合理的治国方案。但是，由于和赵姬的特殊关系，吕不韦没能看到最后秦国的统一。随着嬴政长大懂事，吕不韦断绝了和赵姬的往来，为了不让赵姬记恨，吕不韦将一个名为嫪毐的假太监送入宫中，让他代替自己。嫪毐与太后私通，生下两个孩子。后来，事情败露，嫪毐被车裂而死，诛灭三族。吕不韦被嬴政流放，在流放途中自杀。"拼爹"成功后，嬴政掌握了全部大权，不久便开始了灭六国之战。

嬴政先拿六国中最弱的韩国开刀，一战就俘虏了韩王，于公元前230

年灭了韩国。次年，赵国遭遇大饥荒，秦军趁机进攻赵国，赵国将领李牧率军顽强抵抗。后来，秦国用反间计除掉李牧，攻入邯郸，灭了赵国（李牧死，赵国亡）。公元前225年，秦国进攻魏国。魏国早有准备，在都城大梁修建了防御工事，一次次击退了秦军的进攻。最后，秦军引黄河水漫灌大梁，大梁城破，魏国亡。统一三晋之后，秦国又开始伐楚。楚国的实力远强于三晋，因此秦国出动了60万大军，倾尽全国力量灭楚。用了两年时间，楚国于公元前223年灭亡。

赵国灭亡后，邻近的燕国很慌。为了阻止嬴政的统一步伐，燕国太子丹派出勇士荆轲去刺杀嬴政，结果没成功。秦军随即攻打燕国，攻下了燕国的都城蓟，燕王逃到了辽东。此时，冬天到来，东北的严寒让秦军暂时放了残燕一马。灭楚后，秦军立马挥师北上，攻下了辽东，彻底灭了燕国。

在远交近攻政策下，齐国一直是秦国笼络的对象。末代齐王田建，天真地认为秦国老铁远在西方，不会跟自己动真格的。田建在位40多年，一直袖手旁观，眼睁睁地看着其他五国被秦国所灭。公元前221年，终于轮到齐国了。直到此时，田建还相信着秦国的大忽悠策略。秦国使者来到齐国劝降，向田建承诺：只要投降，秦国可赐给田建500里的封地，让他继续做封君。田建只好答应，因为他已经没有说"不"的资格了。就这样，秦国兵不血刃地灭了齐国，随着齐的灭亡，秦灭掉了六国。公元前221年，秦最终实现了天下一统。

通过远交近攻的策略，秦国依次灭了韩、赵、魏、楚、燕、齐六国

23

大成至圣孔夫子
仁者无敌爱无疆

孔子

西周时，贵族有"公""侯""伯""子""男"五等爵位。其中的"子"，在春秋时期演化成为一种称谓，用来尊称那些有知识、有学问的人，类似现在的先生或老师。先秦诸子中，对后世影响最深远的是孔子。

孔子是春秋时期的鲁国人，名丘，字仲尼。"仲"是古代兄弟间排序的代号，"伯""仲""叔""季"中，"仲"指老二；"尼"据说是因为孔子出生前，母亲曾在尼丘山祷告而得名。孔子是殷商后裔，乃宋国国君微子启的后代。孔子的父亲是叔梁纥，为了躲避战乱，他举家迁到鲁国。孔子3岁的时候，父亲病逝，孔子和母亲被赶出家门，来到曲阜，过着清贫的生活。多舛的命运并未阻碍孔子养成好学多思的品性。他自幼喜欢钻研周礼，学习各种仪式的规范。小的时候，孔子经常和小伙伴们玩cosplay（角色扮演），装扮成典礼司仪，模拟主持各种仪式。春秋时期，熟知礼仪文化、能够主持仪式的人，被称为"儒"，被认为是知识丰富的人。孔子后来创立的学派，也被称为儒家。孔子长大后，以博学闻名于世，开始招收门徒，传授学问。

孔子在一生中有三个重要身份——伟大的思想家、成功的教育家、失落的政治家。

孔子最重要的身份是思想家。他开创了儒家学派，其思想核心是"仁"。什么是"仁"呢？首先心中要有爱，这是仁的本质。爱是一种来自内心、产生于情感的人性自觉。然后要爱人，所谓"仁者爱人"。

要善待他人，要尽力而为地帮助他人，所谓"己欲立而立人，己欲达而达人"。人与人相处，要互相理解，能够换位思考，自己不喜欢的事，也不要强加于别人，所谓"己所不欲，勿施于人"。关于实现"仁"的途径，孔子主张"克己复礼"。"克己"是指要用道德规范约束自己，加强自身修为；"复礼"，是指恢复周礼，让大家都能在社会秩序中找到自己的位置，做自己分内的事。做到"克己复礼"，社会就自然会走向美好。孔子创造的儒家思想，经过后世学者的不断改造，成为我国帝制时代的核心思想。

作为思想家的孔子，并非只专注于江山社稷、人性道德这些宏大的问题，对于日常生活中的小事，孔子也不吝啬自己的思考。《诗经》中有首情诗写道："唐棣花，在风中翩翩摇摆。我的心上人，不是我不想你，而是你住得离我太远。"[①]孔子读到这首情诗，呵呵一笑，然后评论道："如果真的想念人家，那有什么遥远的呢？说明还是不够想！"[②]这种吐槽，既指点了爱情迷津，也洞察了人性的真切。真实的孔子是食人间烟火、颇懂七情六欲的，并非一个刻板的老夫子。

孔子最为成功的身份是教育家。之前，学校都是官府开办的，只有贵族和官宦子弟才有机会接受教育。孔子提出"有教无类"的教育理念，认为每个人都有受教育的权利，不能因贫富贵贱而区别对待。为此，孔子开办私立学校，给予平民子弟接受教育的机会。孔子的学费也不算贵，10条干肉（束脩）即可。如果家庭确实贫困，不交学费也能跟着孔子学习。这也是孔子在践行"仁"的理念，因为帮助他人接受教育，就是帮助他人追求美好的人生。孔子的学生众多，有"弟子三千，贤者七十二"的说法。孔子还提出了许多学习方法，比如学习要有实事求是的态度，"知之为知之"；比如要养成复习的习惯，"温故而知新"；比如学习和思考要结合，"学而不思则罔，思而不学则殆"。即便以现代教育学的眼光来看，孔子的教育思想也是非常科学的。

孔子最为失落的身份是政治家。孔子主张知识分子要"入世"，即

---

① 唐棣之华，偏其反而。岂不尔思，室是远而。
② 未之思也，夫何远之有？（《论语·子罕》）

融入社会并改造社会，实现自己的理想与价值。孔子一生多次当官，小到仓库管理员"委吏"，大到执掌司法的大臣"司寇"。他将"仁"的思想融入政治领域，提出了"仁政"学说，反对统治者过分剥削民众，主张爱民、富民。他还要求君主做道德表率，这样才会被民众由衷拥护。然而，在那个无道的春秋时代，道德和仁爱太过于无力。孔子曾率领弟子周游列国13年，向各国统治者宣传仁政，最终收效甚微。

尽管孔子没有改变那个无道的时代，但他的精神却永远成了中华文明的一部分。孔子的伟大，在于他坚信人类可以通过人性自觉摆脱蒙昧野蛮，在于他呼吁用爱去构建一个美好的社会，这正是人类追求的价值观——至真至善。1959年，英国哲学家伯特兰·罗素（Bertrand Russell）接受采访，被问及想对一千年后的人类说些什么时，罗素说：

> 我想要说两点，其一关乎智慧，其二关乎道德。有关智慧，我想要对他们说的是：不管你是在研究什么事物，还是在思考任何观点，只问你自己，事实是什么，以及这些事实所证实的真理是什么。永远不要让自己被自己所更愿意相信的，或者认为人们相信了的会对社会更加有益的东西所影响。只是单单去审视，什么才是事实。……关于道德，十分简单，我要说，爱是明智的，恨是愚蠢的。[①]

罗素的千年箴言，正是2000多年前孔子思想的核心观点——"知之为知之"和"仁者爱人"。可见，无论古往今来、天地四方，人类都存在着共同的价值观。

一个人的伟大，绝不在于他活着时受到万民膜拜，而在于他离世千年后得到的历史评价。孔子死后被尊为圣人，即便千年后的王朝，其统治者也对孔子尊崇有加。元朝追封孔子为"大成至圣文宣王"。清朝时，皇帝南巡路过孔子墓，依旧要行跪拜大礼。因为孔子的思想代表着人性的至真至善，政权可以被征服，但人性的力量是无法被征服的。

---

① 出自1959年英国广播公司（BBC）"Face to Face"栏目对罗素的采访。

作为思想家、教育家、政治家的孔子

24

轴心时代有诸子
儒墨道法领百家

百家争鸣（上）

德国哲学家卡尔·雅斯贝斯（Karl Jaspers）提出了"轴心时代"理论，认为公元前800年～公元前200年是人类文明的"轴心时代"。这600年间，各大文明都涌现了伟大的思想家，他们的思想理论塑造了不同的文明类型，成为后世文明发展的精神基调。在古希腊，有苏格拉底、柏拉图、亚里士多德；在以色列，有犹太教的先知；在古印度，有释迦牟尼；在中国，轴心时代则出现了诸子百家。

诸子即诸位老师，他们都是超一流的思想家，具有代表性的有孔子、老子、墨子、孟子、荀子、庄子、韩非子等。诸位老师著书立说，广收门徒，创立了诸多思想学派，统称为"百家"。诸多学派思想交流碰撞，在战国时期形成了百家争鸣的局面。

那么，为什么春秋战国时期会出现这么多思想家呢？首先，人类学家认为轴心时代的出现源于农业的发展，人们只有吃饱了，才能去思考更高层次的问题。春秋战国时期，铁器和牛耕出现并得到推广，农业出现了革命性发展；生产力水平的提高，加速了社会关系和思想观念的变化。其次，这一时期列国林立，政治环境相对宽松，有利于言论自由和思想创新，多元思想能够在此时百花齐放。最后，士阶层的出现也推动了思想和学术的发展。孔子之后，民间教育发展迅速，使过去由贵族垄断的学术文化流传到社会下层，民间出现了大量知识分子，他们被称为

"士"①，诸子就属于士阶层。面对时代的剧变，士阶层要么宣扬学说，要么参与国家治理，要么游说外交，这些都促进了百家争鸣局面的出现。

百家争鸣中的"百家"只是个概数，实际上没有那么多学派。《汉书·艺文志》认为：

其可观者九家而已。

这"九家"指的是儒家、墨家、道家、名家、法家、阴阳家、农家、纵横家、杂家。九家也被称为"九流"，即后世"三教九流"这一说法的来源。九家之中，影响最大的是儒、墨、道、法四家。

儒家的创始人是春秋时期的孔子。他的核心思想是"仁"和"礼"，前者倡导仁爱，后者强调秩序。到了战国时期，儒家发展出若干分支，以孟子和荀子两大宗派为代表。孟子更强调仁爱，荀子更加强调遵守秩序。

孟子着重发展了孔子"仁"的学说，他肯定人性是善的，提出"性善论"。孟子认为，人出生就有仁、义、礼、智4种"善端"，人的修养目标就是要将"善端"发扬光大，形成天地间的"浩然正气"。在政治上，孟子发展了孔子的"仁政"学说，提出了"民为贵，社稷次之，君为轻"的理论。"民"是指民权，"社稷"是指政府权力，"君"是指君权。在孟子看来，民权高于政府权力且高于君权。孟子还认为，如果君主犯了重大过错，民众就有权推翻他。也就是说，君主的权力建立在执政为民的基础上，这是一种社会契约。这种带有民本主义倾向的观点，与近代西方的"主权在民"学说颇为相似。孟子被后世的儒家学者尊为"亚圣"，地位仅次于孔子，其思想也被看作儒家正统。

荀子不强调"仁"，而强调实现仁的途径——"礼"。与孟子的性善论不同，荀子认为人性本恶，提出"性恶论"。荀子主张"礼法并

---

① "士"原指低级贵族；春秋末年以后，"士"成为知识分子的代称。

孟子与荀子，分别发展了"仁"与"礼"的思想

用",既要用礼制教化人,又要用刑罚管束人,把人从性恶转化为性善;人人恪守己位,慑于刑罚,天下才会太平。另外,荀子还认为人定胜天,提出"制天命而用之"的天道观。由于荀子过于强调民众服从,"性恶论"也有悖于孔子"仁"的思想,所以招来了后世正统儒家学者的非议。但是,后世的君主却比较喜欢他的理论。他还培养出了两位法家弟子,即韩非子和李斯。

墨家的创始人是墨子,他为底层民众代言,主张"兼爱"。"兼爱"与儒家的"仁爱"异曲同工,又存在差异。儒家的爱,从社会现实的角度出发,有身份地位之别,建立在血缘基础上,是一种有差别的爱。比如爱父亲和爱路人肯定是不一样的。而墨家的爱,超越身份和地位,主张无差别的爱,爱父亲和爱路人是一样的,带着理想主义。墨家还主张"非攻",反对兼并战争,经常支援小国抵御大国的进攻。墨家还关注日常生活中的科学技术,在数学、物理学、机械制造等领域都有杰出贡献。

在墨家的经典《墨子》一书中,记载了这样一个故事:强大的楚国要攻打宋国,墨子得知后赶往楚国制止楚王,走了十天十夜,脚都磨破了。当时楚国有公输班的帮助,制造了攻城用的云梯,这个公输班就是鲁班,他擅长做木匠活。墨子和公输班当着楚王的面,用模型演示攻城和防守,公输班的各种攻城战法都被墨子破解了。墨子还说,自己的三百弟子已经用他的守城方法去支援宋国了。楚王见这场战争没有胜算,就放弃了攻宋的计划。可见,墨家不仅"兼爱",还很有"路见不平,拔刀相助"的侠义精神,甚至还有自己的社团组织。墨家扶助弱小的信念,反映了底层劳动人民的呼声。

在战国时代,墨家是仅次于儒家的显学,时人称"非儒即墨"。然而,墨家思想代表的是缺乏话语权的底层民众,而且内容又过于理想主义,甚至有些脱离实际。汉朝以后,墨家趋于绝迹。

25

法家学说铸秦制
诸子百家照万代

百家争鸣（下）

诸子百家中，要数道家思想最为超然洒脱。道家的创始人是春秋时期的老子，一个很神秘的人物。相传，老子曾与孔子相见，孔子还向他请教学问，向他感叹春秋乱世的无道。老子却劝告孔子不要瞎操心，多看看春水东流，上善若水，顺其自然。许多年以后，老子骑着青牛消失于茫茫人海，不知所终。老子太过神秘，后人对他的了解多见于《老子》一书，此书又名《道德经》。老子创立的道家学说认为，宇宙万物有其自身的发展规律，这个规律叫作"道"。"道"无处不在，超越时间和空间，是永恒的存在。人改变不了"道"，所以要顺应"道"，政治上要"无为而治"，要"小国寡民"，要让民众无知无欲，与世无争就会天下太平。道家还有辩证法思想，认为世间万物皆有其对立面，对立面可以互相转化，因此要从正反两个方面去辩证地看问题。

到了战国时期，庄子进一步发展道家思想，因此道家学说又被称为"老庄哲学"。庄子更加超然洒脱，他反对社会进步，认为不能以人为去破坏自然，要让人恢复到最本真的自然属性。道家"无为而治"的理论，很适宜社会动乱后的休养生息，汉朝"文景之治"时就践行了"无为而治"的思想。

接下来说一下法家思想。这是一种关于中央集权、君主专制、官僚政治的理论学说。法家提倡以法治国，主张君主集权的铁腕政策，以富国强兵为第一要务。在树立法律的权威方面，法家学说有较大的进步意义。需要说明的是，法家的"法治"与近代的"法治"不是一回事。近代的"法治"通过科学立法和法律精神来维护公民权益,最终实现社会的公平正义;而法家的"法治",则是君主专制下的一种治国手段,是统治者驾驭民众的一种方式,其根本目标是维护统治者的利益。

法家思想主张君主掌握绝对的权力,为了实现这一目标,提倡用严刑峻法来管控民众。法家思想在许多地方与儒家是对立的。儒家重视人性的善,法家利用人性的恶。儒家主张教化民众,认为知书方能达理;法家主张愚民政策,认为傻傻的民众最好管。儒家认为民众应该有一定的财产,所谓"仓廪实而知礼节";法家认为民众富足、安逸了就不好管了,必须让民众疲于谋生。儒家倡导相亲相爱,母慈子孝,兄友弟恭;法家则讲究斗争哲学,亲人之间也要相互算计,不能完全信任。法家思想的集大成者是战国的韩非子,他讲过这样一个道理:君王喜欢年轻貌美的妃嫔,却只有一人能成为王后,只有王后的儿子能被立为太子。可是女人的黄金年龄也就10年左右,王后过了这个年龄年老色衰后,君王很有可能另寻新欢,王后和太子的地位就会不保。所以,对王后和太子来说,最好的自保方式就是杀掉君王。这样,太子就能立即上位,王后也不用再恐惧自己会失宠。

通过韩非子的逻辑可以看出,法家是赤裸裸的利己主义,它看透并善于利用人性的阴暗面。法家的另一代表人物商鞅,在《商君书》中也有类似的逻辑。书中,他将管控民众的办法阐述为"驭民五术"。首先是"壹民",就是统一民众的思想,对其洗脑。其次是"弱民","民强国弱,民弱国强",弱小的民众才好管,治国之道,务在弱民。再次是"疲民",要让百姓疲于奔命,让他们没时间去思考和关注社会的不公。复次是"辱民",要用各种严刑峻法来惩诫民众,打压民众的自尊,使其彻底匍匐于威权之下,不敢反抗。最后还要"贫民",剥夺民众除生存之必需品外的富余财产,人穷则志短,就不会去追求公平与正义。

虽然法家的思想残酷而极端,但对专制君主来说,它的确很奏效。春秋战国时期,法家思想受到各国君主的重用。当时的变法,多由法家的人物来主持,如管仲、李悝、商鞅等。战国七雄中,将法家思想运用

老子、孔子、韩非子，诸子百家面对同一问题有着不同的思考

得淋漓尽致的是秦国。依靠法家思想，秦国被改造成高效的战争机器，最终完成了统一。法家所设计的社会制度，也因秦的统一而影响了后世两千年，即秦制。

诸子百家的思想博大精深，又形成于中华文明的孩童时代，因而深刻影响了我们的民族性格与思维模式。在当下的生活中，面对同一问题，不同的人会有不同的思考，从而会产生不同的解决方法。其实，这些思考和方法，都能在诸子百家的学说中找到本初的影子。打个比方，对于学生没写作业这样的小事，各思想学派会有不同的应对方法。

儒家：要爱学生，多跟学生讲道理，让他们认识到"温故而知新"。这样，他们就会自觉完成作业了。

法家：不写作业就罚抄10遍，再不写就找家长来陪读。还不写，直接开除。

道家：不写就不写吧，看淡一点，学生总有一天会想明白的。

墨家：是不是老师留的作业太多了？学生也很累，应该落实"双减"政策，我们为学生代言！

这些解决方法，你喜欢哪一种呢？

26

文明肇始夏商周
九个青铜是王者

青铜器

青铜器的出现，是判断人类社会进入文明阶段的关键标志。在我国，青铜器的意义更为广泛而重大。它不仅标志着生产力的进步，还是礼乐制度的物质载体，同时还具有极高的史料价值。

青铜是一种合金，主要由铜、锡、铅组成，其中铜的含量占80%左右。铜锡合金是金黄色的，所以青铜器刚铸造出来也是金黄色的，闪闪发光；我们后人看到的青铜器之所以呈青绿色，是因为古代青铜器多是从地下出土的，出土时表面已经高度氧化，伴有铜锈。铜锈呈青绿色，所以今人称之为青铜器。

青铜器伴随着人类文明的进步而出现。进入农业社会后，粗笨的石器工具已经跟不上时代发展的步伐，人类需要更轻便、更结实的金属工具。人类最早接触的金属中，适合人类加工使用的是铜。一是因为铜在自然界中比较多，二是因为铜较为坚硬。更重要的是，铜的熔点只有1084.62℃，比铁低了近500℃，在生产中更容易达到这个温度。冶铜技术的发明可能也是人类的一个意外收获，人类在烧制陶器的时候，偶然用铜矿石做支撑物，意外冶炼出了金属铜。后来，人们又在炼铜时加入锡和铅。加锡，可提高合金的硬度和光泽，还能将熔点降低到700℃～900℃；加铅，可以让合金液体更流畅，更容易铸造、塑形。

考古研究发现，人类最早的青铜冶炼技术诞生于约6000年前的中东地区，就是今天的伊朗、土耳其、伊拉克一带。本世纪初，我国启动了

"中华文明探源工程"[①]。它的研究表明，中国的青铜冶炼技术也是由中东传入的。该技术传入我国后，很快便被中华文明吸收和整合。约4000年前，中国进入青铜时代。中国的青铜文明始于夏朝，鼎盛于商周时期，贯串了整个先秦时期，持续了1000多年。中国古代的青铜器，器型各异，用途广泛。根据功用的不同，可将其划分为六大类。

第一类是**食器**，具体又分三种。第一种是烹饪食物的烹煮器。比如鼎和鬲[②]，相当于今天的大锅。第二种是盛放食物的盛食器。比如簋，主要盛放谷物主食，相当于今天的饭盆。北京有一条著名的小吃街，名叫簋街，翻译过来就是"饭盆街"，这个名字颇有底蕴。第三种是把取器，相当于餐具。比如匕，是餐刀和勺子[③]的结合体。

第二类是**酒器**，是用来喝酒的。酒器具体又分为很多种，比如爵和角，都是饮酒器，前者更高级，多被贵族使用；斝是温酒器，用来烫酒；尊是盛酒器，相当于酒坛子。

第三类是**水器**，是饭前和祭祀前用来洗手的装水器皿，也称盥器。比如盘和匜，二者经常搭配使用，匜装满水后往盘里倒，利用流水，人们就可以洗手。可知，匜相当于水壶，盘相当于水盆。

第四类是**乐器**，在周朝的礼乐制度中扮演着重要角色。主要有钟、铙、镈、钲、铎等。大小和形状不同的钟，可以发出不同的音调，古人将若干个不同的钟组合在一起，就形成了编钟，可以敲打出美妙的乐曲。著名的战国曾侯乙编钟，总共有64件钟和1件镈。

第五类是**杂器**，其他各种用途的青铜器都可归为此类。比如灯具、香炉、铜镜、带钩、玺印、货币等。农具也可归入此类，但古代的青铜器主要被贵族使用，极少会用来做农具。

[①] "中华文明探源工程"是以考古调查发掘为获取相关资料的主要手段，以现代科学技术为支撑，采取多学科交叉研究的方式来揭示中华民族五千年文明起源与早期发展的重大科研项目。这一项目从2001年预研究启动，到2016年已完成4期结项。
[②] 鼎和鬲的区别：鼎的足是实心的，鬲的足是空心的。使用鬲更能节省柴火。
[③] 中国古人最早也是用刀叉和勺子吃饭的，像今天吃西餐那样。后来，由于贵族的食物更加精细，不再需要用刀叉来分割大块食物，才改用筷子夹小块食物进餐。

第六类是**兵器**，比如青铜材质的戈、剑、矛、钺等。

先秦时期，青铜器非常贵重，是使用者身份和地位的象征。在周朝的礼乐制度下，青铜器不仅是贵族日常生活用器，还是重要的礼器，体现着礼制。礼制的核心是等级差异，不同等级的人能够使用的青铜器类型和数量有着严格的规定。比如鼎，按照周礼，天子要用九鼎，辅以八簋。九个鼎里分别盛放牛、羊、乳猪等九种菜品，八个簋里放不同的粮食。别管天子是否吃得下，关键是排场。诸侯可用七鼎六簋，卿大夫则用五鼎四簋，到了士这一级别，仅用三鼎或一鼎。因为九鼎是天子的礼制，所以"九鼎"也成了天子的代名词。用鼎的数量，在西周是不可僭越的，但是到了礼崩乐坏的东周时期，诸侯都敢用九鼎了，楚庄王甚至敢问周王室用多少个鼎以彰显取而代之的野心。

部分青铜器上面铸有铭文，又称为"金文""钟鼎文"，铭文的存在使得青铜器还具有极高的史料价值。商朝青铜器的铭文较少，一般只有家族名号。到了周朝，青铜器上的铭文多了起来。目前已知的青铜器中，铭文最多的是西周时期的毛公鼎，上面有近500个字。青铜器的铭文多记录该件青铜器的铸造缘由，其中会涉及重大历史事件。西周早期的青铜利簋，上面的铭文记载了一个叫利的贵族参与了武王伐纣之战，武王论功行赏，赐给了利很多铜料，利就用这些铜料铸造了利簋以示纪念。铭文中还记载了牧野之战时"岁星（木星）正当中天"，天文学家根据这一天象记录，推算出牧野之战的时间为公元前1046年，这直接为商、周两朝的断代提供了证据。

食器

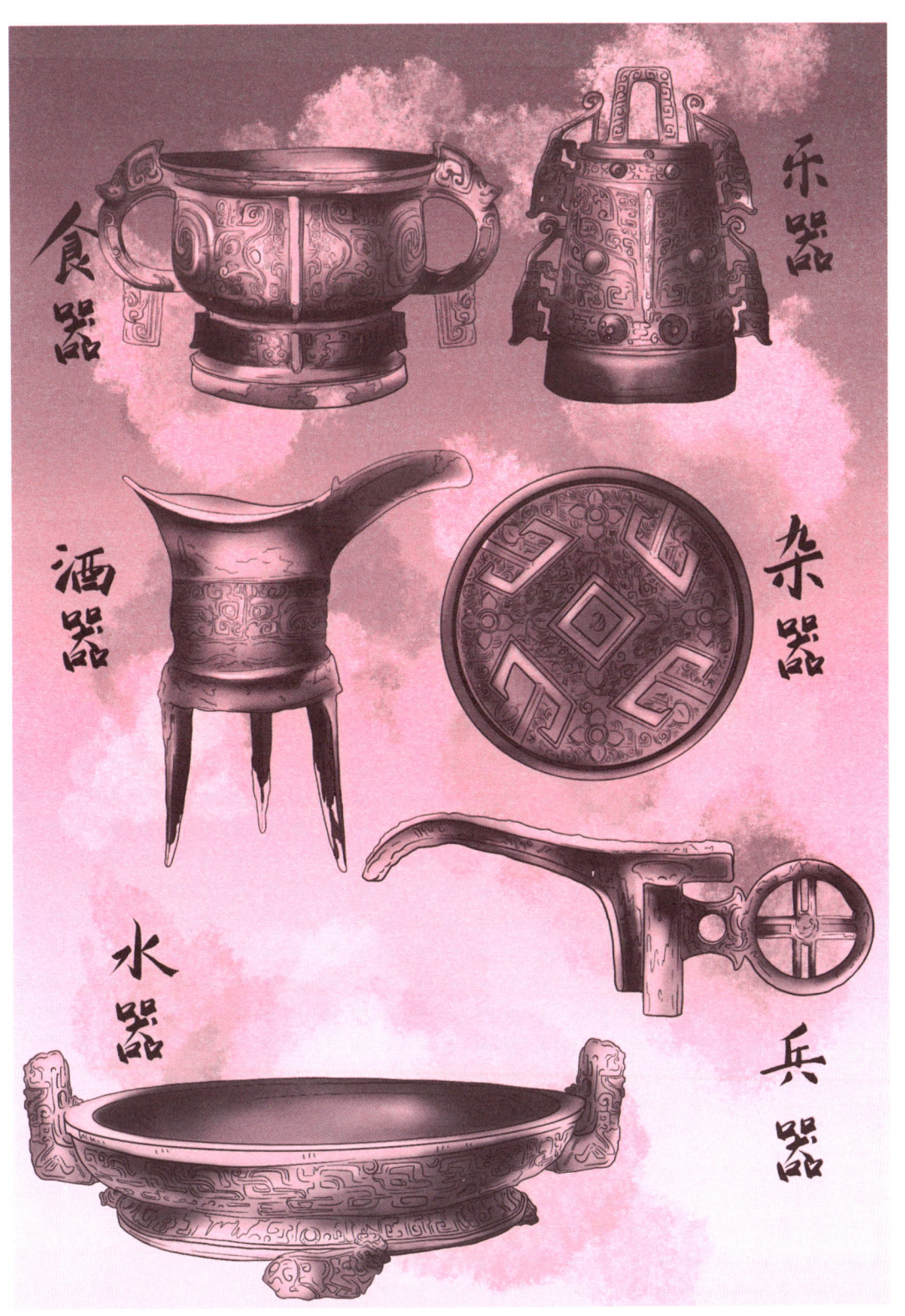

乐器

酒器

杂器

水器

兵器

左列依次为：团龙纹簋、兽面纹爵、毛叔盘；右列依次为：虎戟镈、四山纹镜、轮内戈

秦汉篇

本篇讲述秦朝与汉朝的历史，时间跨度为400余年。

公元前221年，秦始皇统一六国，建立了中国历史上第一个统一的多民族国家。为了维护统一，秦始皇建立了一套专制主义中央集权的国家体制，以皇帝制、三公九卿制、郡县制为主要内容。为了巩固政权，秦始皇还开启了一系列战争与工程，这让民众深受其苦。秦始皇死后，秦朝政权被农民起义颠覆，项羽和刘邦进行了4年的楚汉之争。最后，刘邦胜利，建立了汉朝。汉朝分为前后两段，前段称西汉，后段称东汉。

汉承秦制，但并非延续秦朝严苛的治国政策。汉初推行了以黄老学说为指导的"休养生息"政策，社会经济逐渐恢复，出现了"文景之治"的繁荣局面。汉武帝亲政后，推行大一统政策，实现了对政治、经济、文化的全面控制。在边疆政策方面，汉武帝四面出击，扩大了汉朝的疆域。但是，汉武帝的大一统也让民众苦不堪言。汉武帝死后，霍光调整了治国政策，汉朝重回守文路线，民力渐渐恢复。西汉末期，外戚王莽篡汉。王莽不切实际的复古改制，引发了农民起义。不久，汉朝宗室刘秀重建汉朝，史称东汉。东汉长期处于外戚与宦官交替专权的局面中，政局动荡。东汉末年，爆发了黄巾起义。各地军阀趁势而起，割据一方，东汉名存实亡。

秦汉时期是统一多民族国家的建立与巩固时期，是中华文明朝气蓬勃的少年时代。

27

周秦之变大统一
中央集权秦始皇

秦制

公元前221年，随着齐国不战而降的消息传回咸阳，秦国上下一片欢呼——天下统一了！历史的光芒在此刻照亮了咸阳的大殿，照在了秦王嬴政的脸上。38岁的嬴政坐在那里，脑海里像放电影一般，闪过一个又一个影子。他看见了秦孝公，那个因"诸侯鄙秦"而悲愤雄起的先君；他看见了商鞅，那个为秦国崛起而作法自毙的改革家；他看见了白起，那个消灭了百万敌军的"人屠"将军；他还看见了吕不韦，为秦国统一助最后一臂之力的"仲父"。感叹之余，嬴政深知天下统一来之不易，更清楚维系这个庞大帝国将会是一个更大的挑战。

首先，嬴政要给自己确立一个新的名号。"王"这个名号已经烂大街了，不足以彰显自己的盖世功劳和大秦帝国的千秋功业。大臣们经过认真研究，统一了意见：上古有三皇五帝，三皇地位更高，三皇中，又以泰皇最尊贵，建议嬴政今后改称"泰皇"，也就是"秦泰皇"。嬴政对这个名号不太满意，他不想要别人用过的二手货，而是要前无古人。最后，嬴政自己拍板决定：去"泰"留"皇"，再加上五帝的"帝"，今后称"皇帝"。就这样，皇帝的名号诞生了。皇帝不仅是名号，也是一个制度。在这个制度下，皇帝拥有至高无上的地位和定于一尊的权力。为了体现皇帝的地位，嬴政还废除了谥号制度。所谓谥号，是指在君王死后，臣下根据其一生功过而议定的评价性文字，起盖棺论定的作用。嬴政认为谥号的存在会让臣子妄议君王，是大逆不道的。所以，嬴政自称"始皇帝"，下令后代只称"二世""三世"，直到千世万世，不再用谥号称呼。就这样，嬴政成为秦始皇，并将一些词定为皇帝专用的。比如"朕"字，在先秦时期只是普通的第一人称"我"，谁都可以用，从秦始皇开始，"朕"只能是皇帝自称。此外，皇帝的命令专称"制"和"诏"，皇帝的印章专称"玺"。

皇帝之下，是一整套官僚系统。先秦时期，官职多由贵族世袭，称为世卿世禄制[①]，秦始皇没有选择这一制度，而是建立了新的官僚制度，由朝廷择优任用职业官员，随时任免。官员接受国家的俸禄，对朝廷负责，执行朝廷的政令。在中央，秦朝设置了三公九卿。"三公"是丞相、太尉、御史大夫，乃级别最高的政府官员。丞相辅佐皇帝处理全国政务，是"百官之长"，相当于总理。先秦时期，丞相拥有军权，可以率军出征。为了限制丞相的权力，秦朝将丞相的军权分割给太尉[②]，但太尉只是一个挂名的虚职，实际上军权还是由皇帝亲手把持。御史大夫相当于"副丞相"，虽然地位低于丞相，却掌握着一些丞相没有的权力，比如监察百官和审阅地方奏章，设立的目的是牵制丞相。

三公之下，是隶属于丞相的九卿。九卿的"九"是个概数，实际数量不止九个。九卿中最有实权的是廷尉，掌管刑狱和司法。秦朝重法治，廷尉的地位与三公不相上下。郎中令这一职务也很重要，掌管皇帝的警卫。九卿中还有一些官员是皇帝的私人服务专员，如太仆是皇家车队的负责人，少府掌管皇室收入和官营手工业，这体现了帝制时代的官制有着浓厚的"家天下"色彩。九卿之外还设有博士一职，他们伴随在皇帝左右，参与军国大事的讨论与决策，是皇帝身边的智囊团。秦朝开创的三公九卿制度，极大地加强了君主专制主义中央集权，成为帝制时代中央官制的基础。

在地方，秦朝没有延续周朝的分封制，而是推行郡县制。县在周

---

① 古代的选官制度。"世卿"指天子或诸侯之下的贵族世世代代父死子继，连任卿这样的高官。禄是官吏所得的财物；世禄就是官吏世世代代父死子继，享有所封的土地及其赋税收入。世袭卿位和禄田的制度在古代曾十分流行。
② 秦朝的太尉只是虚设，甚至可能并没有人担任过此职。学界有观点认为：三公九卿制度始于汉朝，而非秦朝。实际上，历代王朝对最高军权都十分重视，一般不会将其交与臣下长期把持。

朝时就已出现，那时，有些地方既非诸侯领地，也非天子京畿。对于这种悬而未决的区域，天子会派临时官员去管理，称为"悬之"，后来逐渐演化为"县"。县的好处是直接听命于中央，有利于加强中央集权。商鞅变法时开始在秦国推行县制，如今天下统一，县制便推广至整个国家。秦朝的疆域空前扩大，全国有几百个县，如果直接全部统辖起来有些费力。于是，秦朝又在县之上设立了郡，一个郡掌管若干县。郡在先秦时期也已有之，主要设置在边疆地区，作为军事防守之地，长官因而称"郡守"。秦初，全国设置了36个郡，后来又增加到40多个郡。每个郡都设置有郡尉和郡监，分别负责军事和监察。县之上设有郡，县之下则设有乡，乡之下还设有里，乡、里是最基层的行政单位。另外，在县之下还设有"亭"这一机构，专门负责治安。通过郡县制，中央朝廷可将各项政令推行至全国，还可以有效地征收地方赋税，实现了中央对地方的严密控制。郡县制开创了我国帝制时代地方行政的基本模式，其基本思路与形式影响至今。

秦朝通过各项制度，将国家打造成了一个金字塔。皇帝一人站在塔尖，至高无上；权力层层延伸，一直伸到基层的每个角落。这套制度被后世称为专制主义中央集权制度，因开创于秦朝，故又称秦制。这套制度经历代王朝不断完善，在我国沿用了2000多年。秦制改变了中国，改变了秦朝以前的社会结构，史家称之为"周秦之变"。

秦朝之后，"中国"由一个抽象的概念，开始转变为一个具体的大一统帝国

28

书同文后车同轨
暴政刑罚似虎狼

秦的暴政

秦朝统一后，秦始皇在政治制度上花费不少心思，创立了秦制。在经济、文化、交通、军事等方面，秦始皇也采取了一系列措施来让全国整齐划一，巩固统一的成果。

经济方面，秦朝统一了货币。战国时期，各国货币形制各异。齐国用刀币，像一把小刀；赵、魏、韩三国使用布币，形状像一把小铲子，也称"铲币"；楚国的蚁鼻钱比较特别，像个小鬼脸，也称"鬼脸钱"。秦始皇将这些形色各异的货币通通废除，统一铸造圆形方孔铜钱。秦朝的圆形方孔铜钱称"秦半两"[①]，它重半两，货币表面还铸有"半两"二字。圆形方孔的形状不仅代表古人"天圆地方"的宇宙观，还很符合人体工程学——其轮廓很圆润，随身携带不易刮伤皮肤。中间方形的孔，可以用绳把钱穿成一串。后来，1000枚钱币穿在一起，称为"一缗"或"一贯"。这种圆形方孔钱的形制为后世王朝所沿用，称为"制钱"，俗称"铜钱"或"孔方兄"。历代王朝都会铸造制钱，只是名号不同，唐朝以后的制钱多以年号来命名。黄金在秦朝时也是货币，被称为"上币"，但一般人用不到。统一货币的同时，秦朝还统一了度量衡，即计量物体长度、容积、重量的量具的统称。秦朝统一的一尺为23.1厘米。古人所说的"七尺男儿"，实际上身高只有一米六二左右。货币与度量衡的统一，促进了统一国家的经济交流与发展。

[①] 秦制半两合今7.8克，然而实际出土的秦半两铜钱多在2克~4克。这可能是因秦朝铸币不规范造成的。

秦朝统一前，各国文字不一，推行朝廷政令不便利。秦始皇命李斯、赵高、胡毋敬对文字进行统一，制定出了标准文字——小篆。他们三个分别写了《仓颉篇》《爰历篇》《博学篇》三部标准字帖，颁行全国。小篆书写起来比较麻烦，后来，在小篆的基础上发展出了便于书写的隶书，作为日常使用的字体在全国推广。

交通方面，秦朝统一了车轨的宽度。古代的道路都是土路，时间长了会留下很深的车辙。如果车轨宽度不一，两个车轮很难都卡进车辙，这样赶路时就容易翻车。统一文字和车轨，被称为"书同文，车同轨"。为了加强思想专制、管控言论，秦始皇还大搞焚书坑儒。公元前213年，他采纳丞相李斯的建议，没收民间除医学、占卜、农业以外的书籍，然后全部烧毁。次年，秦始皇又因求仙被方士所骗，迁怒于批评时政的儒生。一怒之下，秦始皇下令坑杀了400多个方士和儒生。焚书坑儒，体现了秦朝极端的文化专制政策。

秦始皇还热衷于开疆拓土，秦朝的范围远超出了原来六国的疆域。在北方，他派大将蒙恬率军30万打击匈奴，夺回了"河南地"，即河套地区[①]。为防御匈奴，秦朝将原来秦、燕、赵三国的北方边墙连接起来，修筑了万里长城。在南方，秦始皇发兵50万，开拓东南沿海地区，征服了众多越人，史称"南伐百越"。秦军一直打到了地处北回归线以南的岭南地区，在这里，太阳光可从北面照进房子，秦朝称此地为"北向户"。秦朝的疆域东到大海，南达"北向户"，西至临洮（秦朝始置的古县名。在今甘肃省中部，因临洮水而得名），北抵长城，面积达到了约340万平方公里。秦朝以前的政权从未掌控如此大的疆域，也从未直接统治过如此多的边疆地区。

秦始皇还是个"基建狂魔"，搞了许多超级工程。除长城外，他还下令修建了多条"高速路"。最著名的是两条从咸阳出发的驰道，东到燕齐，南达吴楚，驰道宽约69米，道路两旁大概每隔7米栽一棵树，颇为壮观。还有一条防御匈奴的军事"高速路"，称"直道"，从中原直通

---

① "河套"是黄河中上游两岸的平原、高原地区。河套又分为两个地理区域，以乌拉山为界，东为前套，西为后套，古称"河曲之地"。在战国时期，汉族与匈奴进入此地，此后河套成为汉族传统聚居地之一。

河套地区，全长约700公里。在河网密布的南方，秦朝大修运河。为了征伐百越，秦朝开通了30多公里长的灵渠，沟通了长江和珠江两大水系。

秦始皇还搞了许多供他个人享乐的超级工程。灭六国时，每灭一国，秦军的画师都会将各国宫殿的模样画下来，然后回到咸阳仿建。在咸阳城外的上林苑，秦始皇大兴土木，修建了著名的阿房宫。相传，阿房宫绵延上百里，主宫殿可容纳上万人，不同位置的天气都是不一样的。直到秦始皇驾崩，阿房宫也没有完工。不光活着的时候要享受，秦始皇死后也要保持帝王的待遇。古代帝王修建陵寝，一般从即位之日开始修，一直修到该帝王驾崩为止。嬴政13岁即位为秦王，随即开始在骊山修建他的陵墓，前后共修了近40年。著名的秦兵马俑坑，虽然只是秦始皇陵的陪葬坑，但其总体规模与奢华程度可见一斑。

连年对外征战，兴建众多超级工程，财力、物力、人力的消耗带来的沉重负担，最后都要落在民众的身上。史书记载，秦朝民众承担"泰半之赋"，即收入的一大半都要交给国家。比税赋更恐怖的，是无休无止的徭役。秦朝的成年男子，每年要服一个月的更役，也就是在本郡县给官府干活。此外还要服远赴他乡的外徭，这个就不一定要多久了，可能路上就要耽搁几个月。即便这样，国家还会用各种残酷的刑罚来"修理"不听话的民众。秦朝提倡"轻罪重刑"，以达到"民不敢犯"的目的。秦律中的死刑多种多样，其中磔刑和车裂会将罪犯肢解，残忍而血腥。还有很多肉刑[①]，砍脚趾和割鼻子比较常见。1975年，湖北云梦出土了睡虎地秦简，上面记载的秦律，有18种之多，足见秦律的繁杂与严苛。

在宏大的叙事视角下，后人多会赞叹秦朝统一的恢宏气势。如果将目光下移，去关注盛大气象下的小民境遇，我们会发现：暴政之下的秦朝百姓，如蝼蚁般苟活着。秦用法家思想，顺应大势，完成了国家统一。可统一之后的国家，依旧用法家的政策来压榨百姓，这就是违背大势的自掘坟墓之举了。

---

① 亦称"身体刑"，残害犯罪人肉体的刑罚。中国古代的墨、劓、剕、宫以及笞、杖等刑罚都是肉刑。

在统一政令的宏大叙事视角下，秦朝百姓已被压榨至极限

29

求仙炼丹得谶语
亡秦者也大泽乡

大泽乡起义

秦始皇坐拥四海，位尊人极。然而，是人就会怕死。秦始皇非常渴望长生不老，因此身边聚集了许多方士。所谓方士，是古代从事巫祝术数的人，声称能够求访神仙，还能炼制使人长生不老的仙丹，甚至还能预知未来。这些方士中，有两个很有名，一个叫徐福，一个叫卢生。

徐福自称能炼制长生不老的仙丹，秦始皇重金求药，资助他搞"科研"，可炼到最后，徐福也没炼出来。后来，徐福又说海中有蓬莱、方丈、瀛洲三座仙山，上面有神仙居住。秦始皇就派给他数千童男童女，还有可用三年的粮食、衣履、药品和耕具等物资，让他入海求仙。实际上，徐福是炼丹无果，没法交差，准备跑路了。相传，他带人跑去了"平原广泽"，在那里自立为王，没有再回秦朝。很多人说徐福去的地方就是日本，今天日本的和歌山县还有徐福墓。

徐福跑路后，秦始皇又倚重卢生。卢生告诉秦始皇：求仙不成是因为有恶鬼从中作梗，想要避开恶鬼，就不能让外人知道皇帝晚上住在何处。为此，秦始皇将咸阳城内的200多座宫殿用空中廊桥连接起来，晚上通过廊桥去不同的宫殿居住，来无影，去无踪。秦始皇让卢生去求仙，结果也是无功而返。为了交差，卢生声称他在海中获得了一条关乎秦帝国生死存亡的谶语[①]。这条谶语只有5个字：亡秦者，胡也。灭亡秦朝的人是"胡"，这个"胡"是谁呢？秦始皇很紧张，立即想到了北方胡

[①] 所谓"谶"，是一种能够预知吉凶的隐语，一种神秘的预言，多是方士自己编造的。

人,即匈奴。不久后,他便派蒙恬北击匈奴。可惜,这个谶语最后还是应验了,秦朝真的因为"胡"灭亡了。但这个"胡"并非匈奴人,而是秦始皇的小儿子——胡亥。

秦始皇一生未立皇后,没有皇后,也就没有嫡长子可立为太子。诸多皇子中,秦始皇比较器重长子扶苏。与秦始皇的铁腕不同,扶苏素有宽仁之心。焚书坑儒时,扶苏上书劝谏,惹得秦始皇大怒,将他派往北方军区去协助蒙恬抵御匈奴。秦始皇这样做,也是想让扶苏锻炼一下,今后继承皇位。可是,人算不如天算。公元前210年,50岁的秦始皇在东巡途中病重。弥留之际,他让亲信宦官赵高,下诏召扶苏回咸阳,准备让扶苏继位。没几天,秦始皇就在沙丘行宫驾崩了。直到这时,赵高也未将诏书发出。原来,赵高和蒙恬有个人恩怨,他担心扶苏继位后会重用蒙恬,自己就该倒霉了。赵高想让胡亥继位,一是因为自己曾教过胡亥写字,两人关系比较好;二是因为胡亥愚钝,比较好操控。胡亥此时也在随驾东巡,赵高就把计划告诉了胡亥,胡亥兴奋无比。赵高又拉丞相李斯入伙,劝他说,扶苏继位后会让蒙恬当丞相,到那时他就得靠边站了。李斯被赵高说服,二人秘不发丧,还篡改遗诏,让扶苏和蒙恬自杀。

秦始皇的车队拉着秦始皇的尸体迅速返回咸阳,为了掩盖尸臭,赵高还让人在车上放了一筐鲍鱼以掩盖尸臭。到达咸阳后,赵高公布了秦始皇的死讯。胡亥顺利继位,成为秦二世。赵高忽悠秦二世杀掉了兄弟姐妹20多人,还以谋反的罪名将李斯腰斩,自己当起了丞相。为了铲除异己,赵高还设计了一个"指鹿为马"的计策,除掉了正直的大臣,彻底控制了朝政。秦二世的能力虽不及其父,但暴虐程度却有过之而无不及。秦始皇活着的时候,老百姓就如蝼蚁般苟活着,大家想造反,却又不敢,毕竟秦始皇太厉害了。现在,面对鹿和马都"分不清"的秦二世,老百姓仿佛在绝望中看到了希望。

此时,有一队戍卒正在赶赴北方的渔阳(在今北京密云西南)去服役。这队戍卒有900多人,都是淮河地区的农民,领头的是陈胜和吴广。陈胜出身贫苦,却少有大志。当年在家耕田时,他对小伙伴说:"苟富贵，无相忘。"大家觉得陈胜这是脑子不好，陈胜不以为然，感慨地说："燕雀安知鸿鹄之志哉！"这次服役，给陈胜带来了实现人生理想的机会。当队伍途经大泽乡的时候，赶上阴雨天，道路受阻，无法按期到达，按照秦律，戍守误期会被处死。陈胜想趁机起兵造反，便与吴广商议，二人一拍即合，随即开始了秘密动员。

　　古代农民起义多会依托迷信，因为农民容易相信。陈胜和吴广策划了"鱼腹丹书"和"篝火狐鸣"事件。他们在布条上写了"陈胜王"，然后将布条塞进鱼肚子，再让人买鱼回来吃，人们看到了布条后十分惊奇。夜晚，吴广又偷偷地跑到营地外边点起篝火，装狐狸叫，呼喊"大楚兴，陈胜王！"。这6个字的意思是"楚国要复兴，陈胜会当王"。大家都认为这是上天的旨意，暗地里互相议论。民意骚动起来，陈胜杀死了押送军官，把大家召集起来，慷慨激昂地说："因为下雨，我们无法如期到达渔阳，按照秦律会被处死[①]。就算我们有幸不被杀头，但戍守边疆的人，十个也得死掉六七个。壮士要么就堂堂正正地活，要么就轰轰烈烈地死！称王侯、拜将相的人就是天生高贵的吗？我们起义吧！"[②]

　　长期逆来顺受的民众听说要起义，还能当王侯将相，一个个如同被点化后的天兵天将，纷纷揭竿而起。就这样，秦末农民大起义的烈火在大泽乡点燃，随即燃烧出了一个群雄崛起的时代。

[①] 近年来，有人用睡虎地秦简中记载的徭役法来否定陈胜吴广起义的合理性。根据睡虎地秦简的记载，秦民服徭役如果误期，多是罚交盾牌或铠甲，并不会被处死。也就是说，陈胜当年所说的"失期当斩"多半是造谣。然而，陈胜、吴广是戍卒，也就是戍卫边疆之人，他们所服的并非普通的徭役，而是军役，所以，睡虎地秦简中的徭役法可能并不适用于陈胜、吴广等人。且结合战国至秦汉时期的军法来看，"失期当斩"是存在的。
[②] 公等遇雨，皆以失期，失期当斩。藉第令毋斩，而戍死者固十六七。且壮士不死即已，死即举大名耳，王侯将相宁有种乎！（《史记·陈涉世家》）

大泽乡起义,揭开了秦末农民起义的序幕

30

二世而亡天下乱
霸王遇上老流氓

刘邦与项羽

秦朝不允许民间私有兵器，大泽乡起义爆发后，起义军自制武器，"斩木为兵，揭竿为旗"。所到之处，农民纷纷加入，很快，起义军队伍就扩充到数万人，占领了附近的多个县城。在占领陈县后，陈胜自立为王，建立了"张楚"政权。张、楚二字，是张大楚国的意思。

古代的农民起义，多因反抗权力压迫而起。然而，农民领袖一旦翻身做了帝王，尝到了权力的滋味，往往很快会蜕变为新的压迫者。陈胜称王后，迅速腐化堕落了。他住在豪华的宫殿里，享受起帝王的奢华生活。陈胜的老乡听说他当了王以后，许多人前来投奔。陈胜倒也乐于招待他们，颇有扬眉吐气之感。有一个当年和陈胜一起种地的小伙伴，是真没把自己当外人。为了显摆自己和陈胜的亲密关系，他经常和陈胜的手下讲陈胜当年的故事。小伙伴一起回忆童年时光，这也是人之常情。然而陈胜此时已是君王，有些童年糗事会损害他的帝王尊严。一怒之下，陈胜就把这个小伙伴杀了。当年"苟富贵，无相忘"的美好诺言，如今却被帝王威权无情击碎。慢慢地，陈胜众叛亲离。

此时的秦军也在加紧反扑，秦将章邯率军围攻陈县。撤退途中，陈胜被自己的车夫杀害，大泽乡起义也随之失败。陈胜以贫苦农民之身率众起义，反抗暴政，有历史先驱之功。然而功业未成却先行享乐，全忘初心，最后死于车夫之手，结局着实令人唏嘘。

陈胜虽死，但反秦的大火已经燃烧起来。此时距秦灭六国才不过十几年，六国后裔纷纷趁机复国，也都起兵反秦。当年的六国中，要数楚国疆域最广，且楚国地处南方，风俗文化与秦国迥异，楚国后裔反秦情绪最为强烈。当时的人们都认为，最后灭亡秦朝的必定是楚国势力，所谓"楚虽三户，亡秦必楚"。后世史家称这种局面为"非张楚不能灭秦"。在众多反秦势力中，最后脱颖而出的，是项羽和刘邦。

项羽是楚国名将项燕的孙子，正儿八经的楚国贵族之后。项羽长得高大威猛，身高八尺二寸（当时一寸为0.1尺，约合今2.3厘米），合今天约一米九。项羽力气过人，能举起大鼎。鼎的重量一般都在200公斤以上，项羽的力气接近今天的举重运动员。项羽自幼丧父，从小就跟叔父项梁一起生活。项梁教他读书写字，项羽没兴趣，认为会写自己的名字就足够了。项梁看文的不行，又教武的，教项羽剑术。可项羽又是两天半新鲜后就不学了，说剑术只能和一个人对敌，他想要学的是"万人敌"。随后，项梁又教他学习可"万人敌"的兵法，项羽也只是学了个大概。可见，项羽是个粗线条、没耐心的"钢铁直男"。

刘邦也是楚人。他是个地地道道的农村"街溜子"，整日游手好闲。刘邦的父亲很看不惯这个小儿子，经常骂他是"小流氓"。刘邦有一个长处，就是善于结交朋友，而且不吝惜钱财。他经常把狐朋狗友领到家里吃饭，刘邦的大嫂不胜其烦。有一次，刘邦又领朋友回家吃饭，大嫂就在厨房敲锅，意思就是锅空了，没饭招待了。刘邦送走朋友后，发现厨房还有饭，就觉得大嫂不给他面子，心生怨恨。许多年以后，刘邦当了皇帝，分封刘姓兄弟子侄为王，唯独不封大侄子，因为他妈当年不给自己面子。父亲恳劝刘邦，希望他念及早死的大哥，多少封大侄子一个爵位。最后，刘邦封大侄子为"羹颉侯"。"羹"是饭的意思，"颉"是敲击的意思，翻译过来就是"敲锅侯"。可见，刘邦是一个善交际也很记仇的人。

实际上，刘邦和秦始皇是同龄人。当年在咸阳服役时，刘邦还有幸见过这位皇帝前辈。他当时远远望着秦始皇的车队，那壮观的场面让他羡慕不已，不由地感慨道："大丈夫当如此！"项羽也曾在会稽郡见过秦始皇的巡行车队，也不由自主发了一句感慨："彼可取而代之也！"

"彼可取而代之也！"与"大丈夫当如此！"

意思是说，我可以取代他。这句话彰显了项羽的霸气，也透露出他的不臣之心，身旁的叔父赶紧捂上了他的嘴。

刘邦善交际，有心机，靠着朋友的支持，还当上了沛县泗水亭的亭长。当秦末农民起义爆发时，刘邦趁机拉起一支反秦队伍。此时，项羽也率领八千江东子弟兵起兵反秦。在与秦军决战的巨鹿之战中，项羽与诸侯联军遇到了章邯率领的30万秦军。开战前，其他诸侯军队都远远地作壁上观。只有项羽军队在战场上奋力拼杀，个个以一敌十。最终，项羽军队大破秦军主力。战后，项羽召见各路诸侯，他们都不敢直视项羽，只敢跪着匍匐拜见。

公元前207年，正当项羽与秦军血战之时，刘邦却趁机攻入了咸阳。此时，秦二世已被赵高逼迫自杀，新即位的子婴向刘邦投降，秦朝宣告灭亡。诛暴秦的大功被刘邦"抢了人头"，项羽怒不可遏。他随即引兵驻屯在咸阳城外的鸿门，准备与刘邦开战。刘邦不愧是"心机大叔"，立即亲赴鸿门谢罪，表示自己无意与项羽争功，最终得到了原谅。次年，项羽自称"西楚霸王"，大封天下诸侯。刘邦也被封为汉王，获得了巴蜀、汉中之地。随后，刘邦与项羽之间争夺天下的楚汉之争拉开了帷幕。

31

非张楚不能灭秦
非承秦不能立汉

西汉的建立

项羽骁勇善战，粗暴嗜杀。巨鹿之战中，20万秦军降卒被他坑杀；进入咸阳后，秦王子婴被他俘杀；连他名义上的君主楚怀王（楚义帝熊心），也被他暗杀。与项羽的恃勇无谋不同，刘邦有心机、无底线，不仅善于收买人心，关键时刻还六亲不认。

刘邦攻占咸阳时，发现宫殿里珠光宝气、美女如云，他很想留下来尽情享受，谋士张良劝阻了他，说这样会重蹈秦朝覆辙，刘邦就真的听劝了。他驻军到城外，还和秦地民众约法三章：

杀人者死，伤人及盗抵罪。[①]

刘邦军队对民众秋毫无犯，赢得了民心。一个农村"街溜子"出身的流氓，能够经得起极乐繁华的诱惑，足见其城府和格局。还有一次，刘邦被项羽追击，逃跑途中为了减轻车重，刘邦多次将自己的一双儿女踹下车，毫无人父之心。又有一次，刘邦被项羽围攻，刘邦的父亲被项羽俘获，项羽扬言要将刘父炖了吃肉，以此逼刘邦出战。刘邦得知后却哈哈大笑，告诉项羽：如果炖爹吃，别忘了分一杯羹给我。[②]想跟刘邦耍流氓，项羽还真不是对手。

---

① 出自《汉书·高帝纪》。
② 必欲烹而翁，则幸分我一杯羹。（《史记·项羽本纪》）

在4年的楚汉之争中，刘邦败多胜少。但是刘邦的心态极好，不仅用人得当，战略也运用得很到位。反观项羽，他却是四面树敌，遭到诸侯的联合反抗。刘邦趁乱占领关中后，联合其他诸侯对抗项羽。在持久战中，项羽的优势逐渐被消耗殆尽。后来，楚汉双方划定鸿沟为界，罢兵讲和。但刘邦违背诺言，在项羽退兵的路上开始追击。公元前202年，刘邦会合40万诸侯联军将项羽包围于垓下。刘邦让部队高唱楚歌，听见四面楚歌响起，楚军个个思乡心切，无心再战。项羽见大势已去，看着身边的爱人虞姬，顿时感伤不已。为了不给项羽突围添负担，虞姬拔剑自刎。好一出霸王别姬，项羽失去了虞姬，也失去了天下。项羽自觉无颜再见江东父老，婉拒了旁人劝他回江东的建议。

走到了人生尽头，项羽的内心异常平静。他回顾一生，想起了许多事。年少起兵反秦，出道即巅峰。如同虎狼的秦军被他坑杀殆尽，各路诸侯只敢跪在他脚下匍匐。鸿门宴上阿谀奉承的老流氓，只因被自己放走才侥幸得了天下。何况，自己还有生死相伴的爱人虞姬，一生何求？这样的人生，没有什么遗憾，也没有什么留恋的了。在乌江边，项羽以自刎的方式结束了一生。深情难耐此生缘尽，直男不敌大叔心机。公元前202年，刘邦称帝，定都长安，建立了汉朝。后世称之为西汉或前汉，称刘邦为汉高祖。

汉朝建立后，全面继承了秦制。在中央设置三公九卿，地方上实行郡县制。在郡县之外，刘邦又恢复了分封制。刘邦将秦朝短命的原因归结于没有分封诸侯，以至于天下反秦时，秦没有诸侯的支援。为此，刘邦在地方大封诸侯，形成了汉初郡国并存的局面。其实，早在称帝之前，刘邦就已经开始分封功臣为诸侯了。当时，这些功臣拥兵自重，刘邦只得用封王的方式拉拢他们。比如韩信，曾有人劝他自立，与刘邦、项羽三分天下。韩信攻占齐地后，主动向刘邦索要封地，假惺惺地上书说："齐国狡诈多变，反复无常，且南面与楚国接壤，若不设立一个假王（临时的王）来镇抚，难以稳定局势。我可以做这个假王。"[1]这已经

---

[1] 齐伪诈多变，反覆之国也，南边楚，不为假王以镇之，其势不定。愿为假王便。（《史记·淮阴侯列传》）

虽然让项羽获利最大，但鸿门宴却为日后刘邦的最终获胜埋下了伏笔

有点要挟的味道了,但刘邦强压心中怒火,也假戏真做地回复道:"大丈夫既然平定了诸侯,要做就做真王,为何做假王?!"①就这样,韩信被封为齐王。前前后后共有7个功臣被刘邦封王,他们被称为异姓王。

汉朝初期的局势稳定后,在吕后的协助下,刘邦开始剪除异姓王。功勋卓著的韩信,被骗入宫中斩杀,还被灭了三族。其他的异姓王,废的废、杀的杀、逃的逃,只有实力最弱的长沙王吴芮,没有劳烦刘邦,自己早早病死,其后代才保住了王位。在剪除异姓王的同时,刘邦又分封了9个刘姓子弟为诸侯。刘邦杀白马与大臣立下盟约,今后"非刘氏不得王,非有功不得侯",否则"天下共击之"。

在治国方面,刘邦用秦制而不用秦政,果断放弃了秦朝的暴政。经过常年战乱的冲击,汉初经济凋零。那时,皇帝的车驾都找不到4匹毛色相同的马。丞相出行甚至只能乘坐牛车。为了恢复民力,刘邦采用了道家思想来治国,实行了与民休养生息的政策。

休养生息政策还集中体现在刘邦的"高帝五年诏"上。首先,军队复员,回乡从事农业生产。汉朝沿用秦朝的二十等军功爵制,对将士按功授爵。军卒普遍被授予第五等大夫爵,至少可分得5顷田地。楚汉之争中支持刘邦的六国贵族将领,还可免除6年或12年的徭役。其次,政府鼓励战乱时逃亡的民众返回原籍,恢复他们在战乱中丧失的土地。最后,汉朝还大量释放奴婢,因饥饿和贫穷自卖为奴婢者"皆免为庶人",让他们成为国家的自由劳动力。

汉初的一系列政策,不仅恢复了经济生产,还争取到了广泛的政治支持,使汉朝的社会局势逐渐稳定了下来。汉初对有军功人员的优待,使汉朝形成了一个军功收益集团。他们获得土地后,变身大地主,成为汉朝政权在地方的忠实捍卫者。

---

① 大丈夫定诸侯,即为真王耳,何以假为!(《史记·淮阴侯列传》)

32

黄老之学不折腾
文景之治承太平

文景之治

刘邦的父亲刘太公,一直活到了汉朝建立后。他做梦也想不到,自己最看不上的小流氓儿子,居然当了大汉皇帝。刘邦称帝后,在一次宴会上逗他的父亲,笑着说:"父亲,您当初总是骂我没本事,赚不到钱,不如二哥勤劳能干。您现在看看,我跟二哥谁的家业更大呢?"① 这虽然只是酒桌上的玩笑话,但看得出,农民出身的刘邦,满脑子都是"家天下"的思想。

汉朝建立后,刘邦把外部的不稳定因素都一一妥善解决了,但在"家天下"内部,有两股暗流一直在涌动——一个是储位斗争,一个是诸侯势力变大。我们先说一下储位斗争问题。刘邦的皇后是吕雉,人称吕后。她是刘邦"街溜子"时代的结发妻子,为刘邦坐过牢、当过俘虏,还替刘邦诛杀过功臣,可谓患难夫妻。吕后给刘邦生的儿子叫刘盈,就是当年被项羽追击时,被刘邦数次踹下车的可怜孩子。好在夏侯婴将刘盈捡回来,他才活了下来。汉朝建立后,刘盈以嫡长子的身份被立为太子。但刘邦这时候又宠幸了妾室戚夫人,戚夫人也给刘邦生了一个儿子,叫刘如意。也许是爱屋及乌的原因,刘邦总是说刘如意像自己,说刘盈不像自己。因为戚夫人的枕边风,刘邦打算废掉刘盈,改立刘如意。幸好吕后机敏,及时联合大臣劝阻,刘邦才作罢。经过这次立

---

① 始大人常以臣无赖,不能治产业,不如仲力。今某之业所就孰与仲多?(《史记·高祖本纪》)

吕后来自民间，一直跟随刘邦征战，曾大权在握16年

储风波,吕后和戚夫人结下了深仇大恨,这种仇恨比抢老公之恨还要刻骨铭心。

公元前195年,刘邦驾崩,刘盈继位为汉惠帝。吕后开始对戚夫人进行疯狂报复。她先是毒杀了刘如意,又命人将戚夫人四肢砍掉、双眼挖掉、熏聋毒哑,再丢进厕所,称之为"人彘",就是"人形小猪"的意思。更令人发指的是,吕后还把汉惠帝叫过来看,问他是否有趣。惠帝看到后吓个半死,怒斥道这不是人能干出来的事。从此,汉惠帝开始不理朝政,借酒消愁,在位仅7年就驾崩了。

汉惠帝死后,吕后先后立了两个傀儡皇帝,自己临朝称制。所谓"称制",是指下达的命令如同皇帝的"制",自己相当于代理皇帝。吕后还打破了刘邦的"白马之盟",封吕姓子弟为王,让吕氏外戚集团充任朝廷要职,控制了朝政。吕后去世后,诸侯与大臣里应外合,杀光了吕氏外戚集团,这才彻底结束了"吕氏时代"。吕后虽然专权擅政,且手段残忍,但在治国方面还是很成功的。她掌权的16年间,全面继承和发展了汉初的休养生息政策,汉朝社会持续恢复发展,为后来的"文景之治"奠定了坚实的基础。

平定诸吕之后,群臣拥戴刘邦的第四子刘恒继位,也就是后来的汉文帝。在中华传统文化的二十四孝故事中,有一个"亲尝汤药"的故事,说的就是汉文帝伺候母后薄氏的故事。汉文帝仁厚孝顺,治国政策也很温和。他在位时期,主要有三大历史政绩——

第一,减轻刑罚,重视以德化民。汉文帝时,太仓令淳于意犯罪,被押送至长安,按律将会被处以肉刑。汉朝的肉刑继承自秦朝,主要有三种:脸上刺字称"黥刑",割掉鼻子称"劓刑",断足称"刖刑"。淳于意有个叫缇萦的小女儿,她上书汉文帝,指出肉刑会让人残疾,即便犯人想要改过自新也没办法了。缇萦还表示自己愿意卖身为官奴,替父亲赎罪。缇萦的孝心感动了汉文帝,淳于意的罪行被赦免。同时,汉文帝也废除了残害肢体的肉刑,用剃发和打板子代替。

第二,汉文帝进一步减轻赋税和徭役。汉文帝时,田赋降到三十税一,比刘邦时低了一半。除田赋外,汉朝民众还要承担人头税,15～56

岁的成年人，每年每人交120钱①，称为一"算"，所以西汉时期人头税也称"算赋"。特殊人群还要加倍交算赋。奴婢要交两算，由其主人负担，这样做是为了限制豪强蓄奴；商人也要交两算，这样做是为了重农抑商。为了鼓励女子结婚生育，汉朝15岁以上的未婚女子也要加倍收算赋，最高收5倍。另外，民众每人每年还要孝敬皇帝63钱，这叫"献费"。如果民众不想服徭役，还要交"代役钱"，一年要300钱。综合算下来，汉朝的税赋约占家庭总收入的四成，相比秦朝的"泰半之赋"，这已经少了许多，的确算是轻徭薄赋。

第三，汉文帝厉行节俭。一件色彩暗淡的粗丝龙袍，汉文帝穿了好多年。他还不准后宫女子的衣服下摆拖到地上，这样可以省布料。汉文帝执政的23年间，没有新建宫殿园林，连车马仪仗都没有增添。甚至就连葬礼，汉文帝也不折腾老百姓。临终前，他下令陵寝不得陪葬金、银、铜、锡制品，只能用瓦器。

汉文帝死后，儿子汉景帝继位，后者基本延续了汉文帝的治国路线。从刘邦到吕后，再到汉文帝和汉景帝，60多年间，汉朝始终以道家的"黄老学说"治国，提倡无为而治，与民休养生息，民力得到了恢复，社会经济持续发展。到文景时代后期，汉朝已经富得流油。那时，国库里的钱堆积成山，因常年不用，穿钱的绳子都腐烂了，钱散落得满地都是。历史上，称文、景二帝执政的美好时代为"文景之治"。

于民众而言，秦朝的统一并没有带来什么福祉。倒是多亏汉初不折腾的岁月，大家吃饱了饭，活得有尊严，民众感受到了实实在在的幸福。可惜这种幸福未能持续下去，因为汉武帝即位了。

---

① 即制钱，汉武帝之后的制钱为五铢钱（铢为中国古代重量单位）。

33

金屋藏娇汉武帝
霸道奶奶窦太后

汉武帝即位

汉武帝是一位饱受争议的帝王，他在位期间，既有丰功伟绩，也有苛法暴政。他的伟大与失败，都集中地体现在他的谥号"武"字上①。肯定他的人，赞颂他开疆拓土，武功卓越；否定他的人，批评他穷兵黩武，耗尽民力。然而很多人想不到，就是这样一位具有战斗气质的君王，当年却是靠女人上位的。

汉武帝本名刘彻，小名"彘儿"，意思是小猪羔子。民间认为，给小孩起小动物名字会比较好养活，就像今天农村的"猫蛋儿""狗剩儿"之类。刘彻是汉景帝的第十子，并非嫡出，原本是和皇位无缘的。可是汉景帝的薄皇后不孕不育，汉景帝没有嫡子可立。按照"有嫡立嫡，无嫡立长"的原则，汉景帝的庶长子刘荣最先被立为太子。刘荣的母亲栗姬，是个"头发长，见识短"的女人。想到自己的儿子今后会当皇帝，自己会当太后，她全然不把后宫和宗室放在眼里，最后也因此葬送了自己和儿子的前途。

汉景帝有个胞姐，名叫刘嫖，被封为馆陶长公主。她在宗室内很有影响力，且工于心计。她经常给汉景帝介绍年轻美女，姐弟俩的关系很好。为了永葆富贵，刘嫖想把自己的女儿阿娇嫁给太子刘荣，让她成为

---

① 古代皇帝的谥号，褒义的叫作"美谥"，如文、景、宣；批评的叫作"恶谥"，如厉、灵、炀；还有表示同情的，叫作"平谥"，如愍、悼、哀。汉武帝的谥号是"武"，指他很能打仗。在历代王朝，除了开国皇帝以外，"武"这个谥号实际上并非真正的美谥。

未来的皇后。古人缺乏遗传学知识，姑表间近亲结婚很常见。可是栗姬很讨厌这个大姑姐，憎恶她经常给自己的老公介绍美女。于是，傲娇的栗姬拒绝了刘嫖的联姻请求，还把话说得不留情面。亲家没结成，还碰了一鼻子灰，刘嫖怀恨在心："既然你栗姬的儿子不娶阿娇，那我就想办法换太子！"再三考查后，刘嫖相中了当时只有4岁的刘彻。

刘彻的母亲王美人也是汉景帝的妾室，不过她嫁给汉景帝时已是二婚。入宫前的丰富阅历，让王美人很懂得人情世故。她深知与馆陶公主联姻的政治价值，便努力促成刘彻和阿娇定下娃娃亲。相传，小刘彻得知后也非常开心，拍着手说：

若得阿娇作妇，当作金屋贮之也。[①]

这就是典故"金屋藏娇"的由来。有了丈母娘的扶持，刘彻越发受到汉景帝青睐。刘嫖不放弃任何跟汉景帝说栗姬和刘荣的坏话的机会，而栗姬傲慢的做派的确也很招人厌恶。没多久，栗姬被汉景帝打入冷宫，刘荣被废，刘彻获得了太子之位。公元前141年，汉景帝驾崩，16岁的刘彻继位。第二年，阿娇被册立为皇后，刘嫖如愿以偿。可是后来汉武帝移情别恋卫子夫，最后还是把阿娇给废黜了。

汉武帝即位之初，奶奶窦氏还健在，被尊为太皇太后。早在汉景帝在位时，窦太后就时常干预朝政，甚至还想让小儿子梁王做汉景帝的继承人，这让汉景帝大为头疼。现在，又轮到汉武帝头疼了。政治上，窦太后信奉道家的无为而治，其政见与汉武帝的豪迈性格大相径庭。汉武帝是一个爱折腾的人，他偏好治国平天下的儒术，却处处被奶奶掣肘。御史大夫赵绾是一个儒生，他建议汉武帝不要再将政务汇报给太后，窦太后得知后大怒，将赵绾治罪，赵绾惨死于狱中。没办法，汉武帝只能先隐忍，否则连皇位都不保。窦太后去世后，汉武帝亲政，才开始大展身手。

[①] 出自《汉武帝故事》。

在汉武帝的登顶之路上，少不了刘嫖和王美人的身影

汉武帝是个"富四代"皇帝，继承了祖辈留给他的大汉盛世。可是在盛世的表面下，半个多世纪的无为而治也给汉朝带来了不少问题。最棘手的问题有两个：一个是尾大不掉的诸侯国，另一个是虎视眈眈的匈奴。相比而言，王国问题更是汉朝的肘腋之患。

王国问题，是刘邦当年埋下的雷。刘邦有着严重的小农思想，什么都想着依靠家里人。汉朝建立后，他对功臣的态度是兔死狗烹，对亲戚则委以重任。大批宗室被封为诸侯，整个汉朝就像一个家族企业。和当年西周的分封制一样，刚开始家里人还很亲近，可几代之后，亲戚便离心离德。文景时期，王国的势力已经超过了中央。王国还形成了自己的经济体系，可以自己征税、铸币，完全不理会中央。在当时人看来，王国就是汉朝以外的国家。

汉景帝在位时就曾想削弱王国势力，他采纳老师晁错的建议，下令削夺王国土地，这激起了吴、楚等强国的激烈反抗。吴王刘濞是汉景帝的叔叔，他还和汉景帝有杀子之仇。汉景帝做太子时，和刘濞的儿子下棋时发生了纠纷，一怒之下，汉景帝抢起棋盘把刘濞的儿子给打死了。现在又要削夺土地，刘濞必定新仇旧恨一起算。于是，吴国联合其他6个王国，以"诛晁错，清君侧"的名义起兵，以吴、楚为首的"七国之乱"爆发。叛乱军初期的势头很猛，汉景帝迫不得已杀了晁错，向诸侯王妥协。可诸侯王并未收兵，汉景帝只好派大将周亚夫平叛。七国之乱最后虽被平定，但王国问题还是未能从根本上得到解决。

汉武帝亲政后，也想解决王国问题，可又怕引起王国的反抗。最后，一位叫主父偃的官员给汉武帝出了一个妙招，但对诸侯来说，这却是一个无法拒绝的"损招"。主父偃出的这一招，叫作"推恩"。

34

削弱王国行推恩
监察郡县设刺史

推恩令与刺史制度

中大夫是秦汉时期的中央官职，服侍于皇帝左右，主要负责出主意。为解决诸侯国问题，汉武帝的中大夫主父偃给他出了一个妙招——推恩。

所谓"推恩"，就是以恩赐的名义分割封国土地。过去，诸侯王死后，王位和封地都由嫡长子继承，其他的儿子只能眼巴巴地看着。汉武帝颁布推恩令，规定除嫡长子继承王位外，其他诸子可以获封为侯，并从王国分得一份土地来建立侯国。推恩令之下，王国被越分越小。第一代王国的封地若相当于一个郡，推恩几代后，可能就变成了一个县。推恩十几代后，可能什么也没剩下。看过《三国演义》的都知道，刘备就是汉景帝的第十八代孙，没有爵位，只能选择"灵活就业"，上街卖草鞋。推恩令的内在逻辑与汉文帝朝名臣贾谊的"众建诸侯而少其力"的内核相同，只是主父偃用"推恩"的名义，让诸侯王无法拒绝，最后还得说声"谢谢"。诸侯王的儿子们也都支持这一政策，只有嫡长子感到不爽，但一个人也拗不过大家，只能接受这"温柔的一刀"。主父偃费尽心机地帮汉武帝打压王国势力，后来又举报齐王犯罪，齐王被迫自杀。可汉武帝又怕天下人说他残害宗室，便牺牲了主父偃，将其灭族。有些皇帝是极端的利己主义者，毫无恩情信义可言，许多倾心辅佐的大臣都作茧自缚，不得善终。

光有推恩令还不足以让汉武帝放心，随后，他又多管齐下地收拾了王国。汉武帝颁布了"左官律"，规定在王国任职的官员为"左官"，

150

诸侯势力被大大削弱，从此"大国不过十余城，小侯不过十余里"

地位低于中央官员，且永远不得进入中央朝廷任职，以示歧视和限制。又颁布了"附益法"，将朝廷大臣结交诸侯之举定为"附益"之罪，重者可以处死，以此断绝诸侯干预朝政的念头。汉武帝还会找各种借口直接削夺诸侯国，最有名的就是"酎金失侯"事件。按规定，诸侯国要向中央贡献祭祀用的黄金，称为"酎金"。有一次，汉武帝指责侯国的酎金成色不足，一次性就削夺了106个侯国。汉武帝时代的诸侯，各个胆战心惊，因为没准哪一天就被皇帝找碴儿，消灭掉了。

在收拾王国的同时，汉武帝也拿地方上的地主豪强势力开刀。这股势力多源于汉初的军功受益集团，他们当年因军功获封，成为地方的大地主。承平日久，他们在财富和势力累积坐大后，成了称霸乡里的豪强势力。豪强建有庄园，庄园内的生产以农业为主，兼营各种行业，经济上自给自足；另外，庄园内还依附着大量劳动人口：

连栋数百，膏田满野，奴婢千群，徒附万计。[①]

庄园俨然一个小王国。豪强不仅在经济上很"豪"，在政治上还很"强"。他们结党营私，勾结官员，操控地方政治。豪强手下还养着一批被称为"游侠"的人，这些人无视法律，快意恩仇，用自己的规则解决民间争端，就像黑社会人士一样，严重挑战了官方的权威。对地主豪强的整治，汉武帝也是多管齐下。

汉武帝先是强行迁徙豪强，让他们离开故土。这招是跟秦始皇和汉高祖学的，刘邦当年强制迁徙地方贵族到自己的陵寝——长陵居住，以监视和打压。汉武帝依葫芦画瓢，下达"迁茂陵令"，规定凡是资产在300万钱以上的家庭，一律迁徙到自己的茂陵居住。这个政策有两个好处：一是带动了首都经济圈的经济，300万钱以上的家庭带来的购买力，堪比今天的千百万元，"茂陵子弟"成了那个时代"富二代"的代名词；第二个好处是增加了国家自耕农的数量，因为豪强迁徙前，都会把

---

① 出自《后汉书·仲长统列传》。

老家的土地贱卖给农民。

汉武帝还任用了大量酷吏，对豪强和游侠实施"严打"。这些酷吏手段严酷，只按皇帝的喜好执行法律。凡是对皇权有威胁的人，他们都严加整肃。酷吏王温舒，本是盗贼出身，进入官场后，因心狠手辣获得汉武帝赏识。任职河内郡太守期间，他将郡内千余名豪强全部处死，刑场血流成河，10余里的河水都被染红。酷吏嗜杀成性，虽然抑制了豪强势力，却也造成不少冤假错案。

汉武帝用高压手段来管控地方，各级官员层层加码，不择手段。时间一长，法律如同儿戏，民众也深受其害。汉武帝中后期，盗贼遍布全国，规模大的地方达数千人。他们攻打城邑，抢夺武库，杀害官吏，甚至要求官府进献粮食。针对这一状况，汉武帝"强上加强"，对抓捕盗贼不力的地方官处以极刑。地方官为了保命，便对中央阳奉阴违——即便发现盗贼，也不上报，"讳盗"现象日益严重。汉武帝对地方官越发不信任，便从中央派官员去监视他们，刺史制度由此诞生。"刺"，是检核问事之意；"史"，即御史之意。刺史就是奉旨监察地方的官员，虽然这一官职级别不高，俸禄只有600石[①]，但权力极大，可以监察俸禄达2000石的郡守。这种"以卑察尊，以小制大"的监察手段，成为后世王朝实现权力制衡的惯用手段。汉武帝将全国划分为13个监察区，称为"州"，每州派一名刺史。刺史没有固定的办公场所，每年夏末秋初之际出发，年底回朝复命，秋、冬两季在全州各郡巡视。到了东汉时期，刺史改称"州牧"，在一州有固定驻地，掌握一州军政大权，逐渐演变为郡守之上的地方最高长官。

推恩令和刺史制度的推行，加强了朝廷对地方的管控，强化了中央集权。在加强内部管控的同时，汉武帝也开始着手解决汉朝外部的威胁。汉朝最大的外部威胁，就是北方的匈奴。

---

① 石，古代重量、容量单位。在汉朝，官员发放禄米以石为单位，石也成为衡量官员级别的标志。

35

游牧文明有狠人
稳住匈奴靠和亲

匈奴的崛起

汉武帝很配得上"武"的谥号，终其一生，他要么是在打仗，要么是在为打仗做准备。翻开汉朝的疆域图，会发现他几乎沿着边界打了一圈。他远征西南夷，使云贵川少数民族地区归附中原政权；他南伐百越，将汉朝疆域推到了南海之滨；他还东征朝鲜半岛，在那里设立了汉四郡[①]，将朝鲜半岛纳入了版图。可是，这所有的对手都比不上北方的匈奴。这个文明类型与汉朝完全不同的民族，让汉武帝为之疯狂了一辈子。

早期人类文明主要有三种类型：海岛上的海洋文明、平原上的农耕文明、草原上的游牧文明。中国缺少海洋文明，中原政权属于农耕文明，汉朝是其中的典型。以匈奴为代表的游牧民族，世居于北方草原，属于游牧文明。在冷兵器时代，游牧文明是农耕文明无法消除的心头之患。游牧民族能征善战，整日骑马射猎、迁徙游牧，生产生活方式和作战方式高度相似。匈奴人也很好战，由于生产力水平相对落后，当生活物资无法满足需求时，他们就会去劫掠农耕文明社会。匈奴人战斗力惊人，让汉朝难以招架。

首先，匈奴全民皆兵，而且是骑兵。骑兵的机动性极强，一昼夜间可急行300公里，在冷兵器时代这就是"闪电战"的速度。他们过来

[①] 汉四郡，即乐浪、玄菟、临屯、真番。位置最靠南的真番郡，已经越过汉江，其治所在霅县。

抢你一圈，抢完就跑了，你只能望尘莫及。其次，匈奴人打仗几乎不需要后勤补给。农耕文明的军队作战，一个士兵需要多个民夫运输粮草，素有"兵马未动，粮草先行"的说法。而匈奴人打到哪儿抢到哪儿，还可就地游猎，没有后勤补给之忧。另外，游牧文明逐水草而居，搬家就像大扫除一样容易。你想主动攻打，也很难找得到人。即便打下来，你也守不住。因为寒冷的草原极难发展农耕，农耕文明政权在这里待不长久。更可怕的是，匈奴人还会根据农耕文明的生活习惯来制订作战计划，实现游牧与劫掠的无缝对接。进入夏季，匈奴人愉快地放牧，把战马养肥。到了夏末，匈奴部队开始集结——他们知道中原要秋收了。一入秋，匈奴骑兵就南下中原劫掠，那场面就像吃自助餐一样欢快。慢慢地，匈奴人的生产方式变成了放牧与劫掠的二元结构，中原政权备受其扰。

早在战国时期，北方列国就开始修建长城防御匈奴。①秦朝统一后，蒙恬率军北击匈奴，又将北方各国的长城连接起来，一定程度上遏制了匈奴入侵。然而，到了秦末汉初之际，匈奴再次崛起。这次，匈奴人也出现了一个"秦始皇式"的人物，名叫冒顿。冒顿是匈奴头曼单于（首领）的儿子，本是王位继承人。可是，头曼晚年又看好另一个儿子，就把冒顿送到了敌对的月氏人那里去做人质，然后发兵进攻月氏，想以此害死冒顿。混乱中，冒顿抢了一匹战马，逃了回来。头曼很是赞叹儿子的机智勇猛，于是拨给他一支骑兵去训练。这时的冒顿，时刻想着如何杀死老爹。冒顿发明了一种响箭，射出后能发出嘶鸣声。他吩咐手下：自己的响箭射到哪里，大家就要跟着射到哪里。一天，他将响箭射向自己的妻子，有几个手下以为冒顿射错了，没敢跟着射，冒顿把他们杀了。过了几天，他又将响箭射向了自己的战马，这次，大家都没迟疑。冒顿很满意，认为这支部队可以派上用场了。随后冒顿跟随头曼单于一起去打猎，途中，他突然将响箭射向了头曼，父亲瞬间变成了"刺猬"。就这样，冒顿杀掉了自己的父亲，成了匈奴的新单于。

---

① 长城的走向，大致和200毫米等降水量线平行。这个降水量，恰恰是发展农耕的最低要求。可以看出，长城必然是游牧文明与农耕文明的分界线。

当时，在匈奴东边有个强邻，叫作东胡。东胡人很傲慢，看冒顿刚即位，就来敲竹杠，索要老单于留下的千里马。匈奴群臣气愤，冒顿却平静地说，怎么能吝啬一匹马呢？邻居喜欢，送给人家就完了！东胡得寸进尺，没多久又来索要单于的阏氏（王妃）。匈奴群臣暴怒，认为这太欺负人了，冒顿却又说，怎么能吝啬一个女人呢？邻居喜欢，送给人家就完了！其实，冒顿是在用这种方式来麻痹敌人，私下里早就开始整军备战。没多久，东胡人又来索要两国交界处的无人土地。这一次，冒顿没有再当散财童子。他杀掉了同意割让土地的大臣，因为冒顿认为土地是国家的根本，绝不可拱手让人。随即，冒顿出兵消灭了东胡政权，又顺带征服了月氏。就这样，冒顿统一了整个草原，建立起庞大的匈奴帝国。

统一草原后，冒顿率军南下，攻入长城，占领河套地区，剑指中原。此时的刘邦，刚刚建立汉朝，还不知道匈奴有多厉害。刘邦亲率大军北伐匈奴，被匈奴人围在山西大同附近的白登山，七天七夜没跑出去。作为"心机大叔"，刘邦用了一个史书难于启齿的方式逃脱——他派人去贿赂冒顿的阏氏，求她说好话。最后，冒顿放过刘邦一马，刘邦仓皇撤退。白登之围后，刘邦变乖了，对匈奴采取和亲的政策。所谓和亲，就是将宗室女子嫁给匈奴单于，附带大量陪嫁物资，以免他们劫掠。

一直到文景时期，汉朝始终保持着对匈奴的和亲政策。即便是心狠手辣的吕后，受到了匈奴单于的"性骚扰"[1]，最后也只是赔笑安抚，不敢有任何造次。汉朝对匈奴的和亲政策，虽然有些丢人，但总体上维持了和平，为汉朝赢得了休养生息的时机。汉武帝即位后，汉朝已经不再是那个"将相乘牛车"的穷困王朝。血气方刚的少年天子，决心和匈奴人一决雌雄，终结汉朝近百年来的耻辱。

---

[1] 吕后掌权时期，人老心不老的冒顿写信向吕后求爱。虽然这种行为符合匈奴人"收继婚"的习俗，但在中原人看来，却是莫大的侮辱。毒辣的吕后受到了这样的"性骚扰"，非但不敢动怒，还乖乖地回信说自己年老色衰，不配服侍单于，还送去了车马以示好。

白登之围——汉高祖刘邦被匈奴围困于白登山

36

出使西域联月氏
老婆孩子全带跑

张骞通西域

汉武帝喜欢打仗，他也很会打仗。汉朝与匈奴作战，必须要有强大的骑兵部队。早在文景时期，汉朝就很注重马政事业。除各级官府设立专门养马的机构外，汉朝还鼓励民间养马，并为此颁布了"马复令"：民家养马一匹，便可免除三人徭役。到了汉武帝朝，汉朝的养马事业盛况空前。为了节约马匹，汉武帝还下令在祭祀时用木偶马代替活马。经过三朝的努力，汉朝终于有了强大的骑兵部队。

汉武帝不仅在军事上做足了准备，还在外交上寻求盟友。他听说西域有个大月氏国，和匈奴是世仇，于是派人前去联络。所谓西域，是指甘肃阳关和玉门关以西的地区。这两座关隘，古人视之如"国门"，它常见于古时候的送别诗和边塞诗里。如"劝君更尽一杯酒，西出阳关无故人"，再如"羌笛何须怨杨柳，春风不度玉门关"。狭义的西域，主要指今天的新疆地区；广义的西域，不仅涵盖新疆，还包括中亚、西亚，西边一直到欧洲。中原和西域在先秦时期就有往来，商朝墓葬出土过新疆和田玉，吐鲁番地区出土过春秋时期的中原刺绣。汉朝时，西域分布着几十个国家。最大的乌孙国，人口有60多万，大体相当于汉朝的一个郡。最小的小宛国，人口只有1000多，其规模大抵相当于汉朝的一个村。

大月氏在西域，是矬子里的大个儿。《汉书·西域传》记载，大月氏人口40万，军队10万人。可见，这也是个全民皆兵的游牧民族。月氏人最早在河西走廊一带游牧，离中原不远，但距匈奴更近。冒顿即位后，月氏人被打惨了。月氏人惹不起匈奴，便开始西迁，迁到了西域的阿姆河流域，在今乌兹别克斯坦一带。汉武帝得知大月氏与匈奴有亡国之恨，便想联合他们夹击匈奴。此时的西域和汉朝尚无官方往来，通往西域的道路也是陌生而危险的。汉武帝需要一个勇敢、机智且忠诚的使者来完成这一任务。于是，汉武帝身边的郎官张骞被选中，这是一个充满着激情的热血青年。

公元前139年，张骞率领100多人的使团，由归顺的匈奴人堂邑父做向导，从长安出发前往西域。此时的匈奴还很强大，控制着整个河西走廊。张骞刚进入河西走廊，就被匈奴骑兵扣押了。匈奴人希望张骞归顺，对其反复威逼，张骞并未屈服。硬的不行，匈奴人又来软的，他们找了个匈奴美女，要强行嫁给张骞。张骞没有拒绝，还和这个匈奴妻子生下了一个混血儿子。匈奴人以为这样就可以留住张骞的心，可他们错了。张骞身在匈奴心在汉，一直保留着出发时带着的汉节[①]。他没有忘记自己的身份和使命，一有机会就打听西域的情报，耳边似乎还能听见汉武帝的召唤。10余年后，张骞找到机会，逃离了匈奴。老婆孩子全没带，只带了堂邑父。

张骞没有回汉朝，而是选择向西，继续他的使命。他辗转多国，终于到达了大月氏。此时的月氏人，已迁居西域数十年，习惯了这里富庶而宁静的生活，并不想回到故土去招惹恐怖的匈奴人。大月氏婉拒了张骞夹击匈奴的计划，却也表达了对汉朝的仰慕之情，表示想和汉朝有贸易往来。张骞在大月氏停留了一年后，动身回国。可倒霉的是，回程的路上，张骞又被匈奴人给逮住了。幸运的是，张骞仅在一年后又逃跑了。这一次，他不仅带着堂邑父，还带着匈奴妻子和混血孩子。

公元前127年，汉武帝发动了对匈奴的全面战争，也就是河南之战。"河南地"是中原与草原交界的河套地区，是匈奴入侵中原的集结地。

[①] 汉节，是一根长约1.8米的竹竿，顶端束有三重用牦牛尾制的节旄，是汉朝使者身份的象征。使者在危难之中仍保留汉节，是忠于汉王朝的表现，这也是"气节""节操""变节"等词的来源。《汉书》记载，苏武被扣押在匈奴王庭后，时刻手持汉节牧羊。日久天长，节上的牛毛都脱落了，只剩下光秃秃的木棍。

汉武帝派小舅子卫青出征，一战收复河南地，然后在此设置朔方郡和五原郡。第二年，张骞返回了长安。13年弹指一挥间，出发时是意气风发的热血青年，归来时已是中年大叔。虽然张骞没有实现联合大月氏的初衷，但在西域传播了汉朝的声威。张骞这次出使，获得了大量前所未有的关于西域的资料，开通了一条通往西域的道路，司马迁盛赞此行为"凿空"。人生赢家张骞还在旅途中收获了爱情，可惜匈奴妻子来到汉朝不久就病逝了。张骞因出使西域功勋卓著，被汉武帝封为博望侯。后世往来的汉朝使者，也都被西域人称为博望侯。

公元前121年，张骞参与了汉武帝对匈奴的第二次大战——河西之战。河西走廊是一条长约1000公里的狭长的平坦地带，是内地通往西域最重要的通道。汉朝发动这场大战，是为了切断匈奴对西域各国的控制。卫青的外甥霍去病领兵出征，歼敌3万余人，俘获了匈奴人的祭天金人。此战后，汉朝控制了河西走廊，在此设立了武威、酒泉、张掖、敦煌四郡，即"河西四郡"。

公元前119年，张骞再次出使西域。同年，汉武帝发起了对匈奴的最终决战——漠北之战。卫青、霍去病各率5万汉军骑兵，分两路远袭匈奴漠北腹地。此战胜利后，"匈奴远遁，而漠南无王庭"。匈奴势力被赶出了西域，这也使得张骞第二次出使西域的旅程非常顺利。张骞带着万余头牛羊和丰厚的礼物访问了西域诸国，还带着乌孙国使者数十人回到长安。

经过三次大战，汉武帝暂时消除了匈奴的威胁。然而，游牧文明与农耕文明的冲突是不可能从根本上消除的。汉武帝之后，匈奴数次卷土重来。其历史后继者，还有鲜卑、契丹、女真、蒙古等。

张骞两次出使西域,梁启超赞其为"坚忍磊落奇男子,世界史开幕第一人"

37

异域风情很摇摆
丝绸之路能开疆

丝绸之路

在汉朝以前，中原的食物种类并不丰富。很多今人常吃的食物，那时是没有的。比如今天东北人饭桌上常见的菜，拍黄瓜，主料是黄瓜，辅以香菜、大蒜，这个菜在汉朝之前就吃不到。黄瓜古称"胡瓜"，香菜古称"胡荽"，大蒜古称"胡蒜"，都原产于西域。张骞出使西域后，这些"进口货"才有机会传入中原。它们传入中原的道路，就是大名鼎鼎的丝绸之路。

虽然这条道路已经存在了至少2000年，但"丝绸之路"这个名字是近200年间才有的，而且还是外国人命名的。1877年，德国地理学家费尔迪南·冯·李希霍芬（Ferdinand von Richthofen）在其著作中将从公元前114年至公元127年间，中国与中亚、中国与印度间以丝绸贸易为媒介的西域交通道路命名为"丝绸之路"。这一形象且洋气的名字，很快为学界所接受，也在中国传播开来。

实际上，中原通往西域的道路在先秦时期就有了。中东的青铜冶炼技术、小麦等农作物、黄牛等家畜，就是通过这条道路传入中原的。商朝时，这条道路上已经有了商贸往来。最受中原人欢迎的西域物产，是产自新疆的和田玉，很多中原墓葬都有出土。中原通往西域的门户叫"玉门"，这个名字很可能就源于玉石贸易。西汉时，张骞出使西域，使这条道路更加畅通，成为东西方贸易和文化交流的大动脉。此时，在这条道路上最有影响力的商品，莫过于中国生产的丝绸，所以李希霍芬称它为"丝绸之路"。当时的罗马人疯狂地迷恋中国丝绸，一磅丝绸可以卖到12两黄金的天价。为了防止黄金大量外流，罗马帝国甚至曾下令禁止购买中国丝绸。

中国丝绸名扬西方的同时，很多西方的物产也通过丝绸之路传入中国。古代的中原人称域外为"胡"，所以这些"进口货"的中文名字中多带有胡字。除了拍黄瓜这道菜里的胡瓜、胡荽、胡蒜外，还有胡麻（黑芝麻）、胡豆（蚕豆）、胡椒、胡萝卜等。可以说，凡是名称带有"胡"字的物品，基本是从西域传入的，"胡"字是它们原产地的标签。"胡物"在古代是不折不扣的"进口货"，很受人民大众欢迎，上层社会更是趋之若鹜。东汉的汉灵帝就是一个"崇洋媚外"的"胡物狂"，疯狂迷恋胡服、胡帐、胡床、胡坐、胡饭、胡笛、胡舞等。胡舞又称"胡旋舞"，是一种西域舞蹈，舞蹈动作中多旋转与摇摆，真的是"异域风情，摇摆至上"。胡旋舞一直流行到唐朝时，安禄山和杨贵妃都擅长此舞。

丝绸之路开通后，为了维护道路畅通和保护往来使者与商人的安全，汉朝开始在西域驻军，这让不少国家感觉受到了威胁。也难怪人家害怕，汉武帝的确太狠了。他听说西域大宛国盛产汗血宝马，就派使者带着黄金制成的金马前去交换。对于这种核心物产，大宛国怎么可能交换？汉朝使者被拒绝，就把大宛国国王臭骂了一顿。这国王也是个愣头青，竟然指使附庸的郁成国截杀了汉使。不可一世的汉武帝，怎能咽下这口气？他立即派李广利将军西征大宛。这一战，汉军遭到西域多国抵制，打得异常艰难。后来，汉军以断水的方式围困大宛都城，逼迫大宛国国民杀了国王，开城投降。随后，汉朝扶植了一个傀儡国王，降伏了大宛。这场战争中，郁成国国王的脑袋被汉军砍下，轮台国因拒不臣服而被汉军屠灭。汉武帝一生中灭掉了西域5个国家，用刀剑树立了汉朝在西域的威望。为了加强对西域的直接管控，公元前60年，西汉政府在乌垒城设立了西域都护府，作为管理西域的军政机构。这标志着西域纳入汉朝版图。

西汉末年，政局混乱，匈奴再次控制了西域。东汉建立后，汉明帝派班超出使西域，想要夺回对西域的控制权。班超到了鄯善国，刚开始，他受到了国王的礼遇，没过几天，鄯善国王的态度突然变得冷淡。班超心里直嘀咕，事出反常必有妖。经打探得知，原来是匈奴的使者也来鄯善国了，国王在归顺汉朝还是归顺匈奴的问题上有所犹豫。班超感到事态紧急，迅速召集部下，正所谓"不入虎穴，焉得虎子"，班超认为他们必须马上行动，击杀匈奴使者！当晚，班超放火烧了匈奴使者的营帐，匈奴使者要么被烧死，要么被杀死。第二天，班超请鄯善国国王来看匈奴使者的尸体。国王大惊，立即表态要归附汉朝，还主动把王子送到汉朝做人质。相较于李广利耗费国力征讨西域，班超凭借36人的使团便取得了巨大成果。后来，汉朝重建西域都护府，班超担任都护。班超经营西域31年，维护了汉朝在西域的权威。其间，他还派手下甘英出使大秦（罗马帝国）。虽然甘英最终止步于波斯湾，没能到达大秦，但此行开通了中原通往西亚的路线。

　　汉朝时，与陆上丝绸之路同时存在的，还有海上丝绸之路[①]。从汉朝到唐朝，对外交通路线中，陆路远盛于海路。从宋朝开始，陆上丝绸之路逐渐衰落。一是因宋朝失去了对河西走廊的控制权，陆路不再畅通；二是因为宋朝造船业与航海技术十分发达，海路更具优势。四五百年后，欧洲人开启了全球的海洋时代，陆上丝绸之路不可逆转地走向衰败。往事越千年，现在的丝绸之路，只剩下沿线的石窟遗址和古城的断壁残垣，似乎仍在述说着昔日的辉煌。

[①] 海上丝绸之路分为南、北两线。北线从山东沿海出发，穿过黄海，可达朝鲜半岛和日本。南线从东南沿海出发，经中南半岛南下，绕过马来半岛，穿过马六甲海峡，最远可达印度和斯里兰卡。

班超再次打通了荒废已久的丝绸之路

38

盐铁官营割韭菜
均输平准中间商

汉武帝的经济政策

汉武帝是一个奢靡多欲的皇帝，素来放纵不羁爱折腾。他平生有三大喜好——权力、战争、享乐。喜好权力，他空前地加强了中央集权，实现了大一统；喜好战争，他打遍天下无敌手，在位期间对中国疆域的拓展极具开创意义；喜好享受，他大兴土木[①]，求神寻仙，远超后世历代皇帝。然而这些喜好都很费钱，即便是一个皇家"富四代"，汉朝的家底也被他花光了。为了搞钱，继续自己的帝王事业，同时也为了加强对经济的管控，汉武帝想出了许多敛财的新点子，为此推行了一系列的财经新政策。

首先，中央垄断铸币权，统一铸造五铢钱。秦始皇虽然统一了货币，但并未垄断铸币权，地方可以自行铸造货币。汉初也延续了这一政策。大家可能会疑惑：这不就是造假币吗？还真不是。铜钱用铜铸造，

---

① 美国学者魏特夫有一个著名论断：东方专制社会的统治者，都是伟大的建设者。这一论断之于汉武帝，恰如其分。即位次年，他就开始了陵寝修建工程。历代帝王陵寝，除宋朝以外，多是从皇帝即位就开始修，一直修到皇帝驾崩为止，不允许提前完工，直到皇帝"入住"。汉武帝"超长待机"，陵墓修了半个多世纪。他的茂陵，是汉代帝陵中规模最大、修造时间最长、陪葬品最丰富的一座，据说被盗掘了至少5次。死了都要享受，活着时更不在话下。汉武帝曾为自己建了一个超级游乐场，名曰上林苑。上林苑中的游乐设施俱全，如演奏音乐的宣曲宫、观看赛马的走马观、观赏鱼鸟的鱼鸟观、饲养大象的观象观、栽种奇花异木的扶荔宫。上林苑里水流环绕，其中著名的昆明池，是汉武帝为了征服西南夷的昆明国，用于训练水军而开凿的，比杭州西湖的两倍还大。后来水军没怎么训练，昆明池倒成了汉武帝的私家池塘。北京的颐和园有一个"昆明湖"，乃当年乾隆效仿汉武帝而命名的。

汉武帝统治中后期，国家垄断了铸币权

铜本身就有价值。秦半两，因含铜半两得名，半两为12铢。所以，只要用12铢铜来铸造铜钱，就不是假币。汉初，大家觉得含铜12铢的钱太重，日常交易不是很方便。所以，汉初铸造了重5分的铜钱，外圈像榆树荚一样单薄，民间俗称"荚钱"，有些穷酸。汉文帝时，汉朝又铸造了四铢钱，外观看起来就厚重多了。

允许民间铸币，奸商就有各种"脑洞大开"的发财路数。最常见的方法，是用锉刀在旧铜钱上锉下铜屑，再将铜屑积攒起来，铸造新的铜钱，以实现"无中生有"。磨损的铜钱变薄了，币值就会降低，而这会造成币值混乱和严重的通货膨胀。最厉害的是自己开矿炼铜，然后铸币的，这就像有了印钞机一样。有的王国便是如此，有了钱，也就有了底气，所以敢和中央对抗。七国之乱的主角吴国，其铸造的钱币就通行全国，时人称"吴、邓钱布天下"。面对民间铸币造成的经济混乱，汉武帝收回了铸币权，统一由中央铸造新的铜钱。这种新钱重5铢，因而称五铢钱。五铢钱外观精致，币值稳定，在中国流通了700余年，一直用到唐朝时。后世的历代王朝也都效仿汉武帝，由中央垄断铸币权。这样做，不仅能增加中央的财政收入，还能控制国家的经济命脉。

光收回铸币权远远不够，汉武帝还需要一些快速"割韭菜"的办法，把老百姓的钱也弄到手里。因此，著名的"盐铁官营"政策应运而生。盐是老百姓日常生活的必需品，消费量巨大，也因此，贩盐是古代最赚钱的买卖之一。汉武帝下令，盐业今后由官府垄断，民间商人不得涉足。随后，政府在每个郡都设置盐官，负责盐的生产与销售。与盐业同时被垄断的还有铁业，酒业后来也加入进来。就这样，靠官府垄断专卖，汉武帝彻底赚翻了。然而，垄断也使行业失去了竞争，导致生产效率低下，产品质量极差。官营的盐，不仅价格高，味道还很苦；官营的铁器，质地粗糙，用来割草都费劲。民众对盐铁官营政策怨声载道，有的老百姓吃不起盐，靠吃土尝咸味。

汉武帝很鄙视商人，认为他们倒买倒卖赚差价很不要脸。这种重农抑商的思想，在帝制时代是主流。为了抢商人的生意，汉武帝出台了"均输"和"平准"政策。汉朝在各地征收的赋税以实物为主，这些物资运输到中央，路上会有损耗，运费也很高。大臣桑弘羊为此制定了均输政策：地方的实物赋税主要征收当地的土特产，然后将其运到价高的地方售卖，折现后再交到中央。打个比方，吉林收税，只收特产人参，然后将人参贩运到上海高价出售，最后将卖得的钱交到中央。这样一倒手，国家财政收入暴增。同时，汉朝还在京师设立了平准官，负责管理各地均输过来的物资。当某项物资价格低的时候，平准官就大量买进囤积；当其价格高的时候，平准官就大量抛售。低价买，高价卖，既稳定了物价，又赚了钱，还让商人纷纷哭晕。

为了捞钱，汉武帝特别重用两类官员。一类是敛财能手，如前面提到的桑弘羊，富商家庭出身，从小就擅长心算，满脑子都是赚钱的方法。汉武帝任用他做搜粟都尉，他一手策划出了若干敛财政策。汉武帝重用的另一类官员是执法酷吏，他们专门按照汉武帝的意志执行法律政策，不听话就收拾你。两类官员相互配合，一个出主意，一个抓落实，相得益彰。桑弘羊推行"算缗"政策，也就是对部分民众征收财产税。先让他们自己申报财产，然后相应地征税。商人每2000钱财产纳税一算，手工业者每4000钱财产纳税一算；家里有车的，每辆车征收一算，商人的车加倍；有船的，5丈以上的船，每船也要征收一算。许多人为了逃税，就隐匿瞒报财产。别着急，桑弘羊又无缝衔接地推出了"告缗"政策：凡是举报他人逃税的，逃税者家产没收，告发者可以获得其一半家产的奖励。告缗政策一推出，就轮到酷吏大显身手了。他们奉旨抄家，毫不留情。汉朝中产以上的家庭大多破产。

汉武帝的敛财政策，获得了巨大的收益。既加强了中央集权，又增加了政府收入，为汉武帝的诸多事业奠定了经济基础。然而，这种成功，建立在对民众疯狂"割韭菜"的基础上。国富与民富，需要二者兼顾，缺一个，国家都不能长治久安。显然，汉武帝只注重前者，注定不能持久。

39

外儒内法董仲舒
独尊儒术罢百家

罢黜百家，独尊儒术

汉初，统治者尊崇道家黄老学说，用无为而治的思想治理社会。用今天的话来说，就是"佛系治国"，顺其自然。"佛系"政策之下，思想领域也比较自由，诸多学派放飞自我，仿佛又回到了百家争鸣的先秦时代。汉武帝亲政后，放弃了无为而治的思想，追求大一统。所谓大一统，《汉书》解释为"六合同风，九州共贯"，即国家各个领域都实现整齐划一，权力高度集中于皇帝一尊。在这种情况下，思想领域自然也要大一统。

那么，用什么思想搞大一统呢？显然，道家学说出局了。因为它太过"佛系"了，不适合汉武帝管天、管地、管空气的权力欲望，也与大一统的本质背道而驰。按理来说，法家思想维护中央集权和君主至上，最适合用来搞大一统。可是秦朝无节制地使用法家思想，民众深受其害，法家的名号几乎和暴政画上了等号。如果汉武帝继续标榜法家思想，无异于向世人宣示自己就是"秦始皇第二"，自己就是暴君。汉武帝很聪明，他需要一种听起来很亲民，而本质上又维护君主专制的思想学说。儒生董仲舒看透了汉武帝的心思，他顺势而为，把儒家思想改造成了汉武帝需要的样子，即大一统思想。

实际上，先秦的儒家思想，并不适合君主专制制度。无论是孔子的"德政"学说，还是孟子"仁政"理论，都主张约束统治者，都宣扬以民为本，颇有近代民权思想的味道。孔孟的儒家学说，都要求统治者先做一个正人君子，然后百姓才会拥戴信服。如果统治者是一个无道暴君，民众就不需要服从，甚至应该反抗。对君主而言，孔孟的儒家思想是一个"紧箍咒"。董仲舒明白，这种儒家思想一定不会被汉武帝喜欢。汉武帝需要的是民众无条件拥戴服从，哪怕自己就是个暴君，民众也要把他当作圣君明主来崇拜与服从。想要汉武帝接受儒家思想，就需要先对儒家学说进行改造。为此，董仲舒给儒家学说注入了很多新内容。

首先，董仲舒以儒家的德政为基调，吸收了法家的刑罚理论，提出了"德主刑辅"的主张。它类似"胡萝卜加大棒"策略，先跟你讲仁义道德，不管用，就用大棒捶你。其次，董仲舒还吸收了道家的"天人合一"观念和阴阳家的"阴阳灾异论"，提出了"天人感应"理论。其核心内容有两点：首先是天人一体，皇帝是天子，代表上天统治百姓，君权神授，必须服从；其次是天和人可以互相感应，如果皇帝倒行逆施，上天就会降下灾祸。天人感应理论用近乎宗教的逻辑，要求民众顺从统治者，同时引导统治者善待民众。董仲舒改造后的儒家思想，是杂糅了各家学派的综合性理论。

改造完了儒家思想后，董仲舒还不满足，他认为"人异论，百家殊方，指意不同"的思想自由局面很混乱，不利于大一统。他建议将儒学确立为汉朝官方思想，其他学派应该"皆绝其道，勿使并进"。董仲舒的想法很合汉武帝的口味，很快就被采纳。历史上称这件事为"罢黜百家，独尊儒术"。从此，儒学被确立为汉朝正统思想，并被后世王朝沿袭，持续了两千年。

汉武帝的"罢黜百家，独尊儒术"与秦始皇的"焚书坑儒"在本质上是一样的，都是思想专制政策，但在具体的手段上，前者更为高明。秦始皇只会实行"大棒捶你"的威逼，而汉武帝懂得如何用"胡萝卜"利诱。为了引导知识分子学习儒学，在董仲舒的建议下，汉武帝兴办了中央最高学府——太学。以儒家五经为教材，经过考核后可以授官，实现了"学而优则仕"。这一办法，将儒学与做官联系起来，不仅为朝廷培养了人才，还让知识分子主动洗脑，将儒学推向了主流价值观的位置。

外儒内法——董仲舒的新儒学非常契合汉武帝即位时的执政主张

然而，经过董仲舒改造后的儒家思想，已经和本初的儒家思想相去甚远。孔子讲"君君，臣臣，父父，子子"，意思是说：只有君王像君王的样子，臣下才能像臣下的样子；只有父亲像父亲的样子，儿子才能像儿子的样子。

孟子讲：

君之视臣如手足，则臣视君如腹心；君之视臣如犬马，则臣视君如国人；君之视臣如土芥，则臣视君如寇仇。①

大意是说君主有德，臣民就服从；君主失德，大家就该推翻他。实际上，孔、孟都强调权利和义务的对等性，并非臣民单方面地服从。到了董仲舒这里，变成君权神授，并不强调权利和义务的对等性了。董仲舒甚至将孔子的理论改为"君为臣纲，父为子纲，夫为妻纲"的"三纲"理论，强调下层对上层的无条件服从。另外，"罢黜百家"的做法本身就不符合孔子的价值观。孔子认为"三人行，必有我师焉"，从来没有说过"儒家天下第一"，更没有要求罢黜其他学说。所以，董仲舒的儒学不是真正的儒学，而是一种"儒术"。它表面上是儒家的仁义道德，骨子里却是法家的权术思想，因此后世称之为"外儒内法"。之所以披上儒家的"马甲"，是因为这样看起来很美，能够唬人。

武帝朝有个大臣叫汲黯，在当时就看透了"儒术"，还指出汉武帝心里欲望很多，只在表面上实施仁义。②近代新文化运动时期，国人对儒家学说展开了猛烈批判，甚至提出了"打倒孔家店"的口号。冷静审视，我们会发现，儒家的问题并不在孔孟，而在董仲舒。"董儒"，并非真儒。

---

① 出自《孟子·离娄下》。
② 陛下内多欲而外施仁义，奈何欲效唐虞之治乎？（《史记·汲郑列传》）

40

动乱暗涌巫蛊祸
轮台罪己免秦亡

汉武帝的晚年

汉武帝在位半个多世纪，四面出击，雷霆万钧，在政治、经济、文化、军事各个领域都实现了大一统。然而，大一统的社会，其代价也是巨大的。连年的对外战争和敛财政策，让民众苦不堪言。战争不仅破坏经济，还会死人，且死的绝大多数都是平民百姓。表面光鲜的战功背后，隐藏的是那个时代人民的悲惨境遇。《汉书》记载，汉武帝"师出三十余年，天下户口减半"。如此恐怖的人口非正常死亡现象，古今罕见。他们有的战死沙场，暴尸荒野；有的忍受饥荒，饿殍千里。为了帝国的荣耀，汉武帝不惜一切代价。而这代价，恰是生如蝼蚁的黎民百姓。

活不下去的老百姓，有的落草为寇，有的揭竿而起。汉武帝后期，爆发了多场农民起义，都城长安城附近也时有发生。对此，汉武帝予以无情的镇压。有的大郡，一次性就斩杀了起义军万余人。为了督促地方官缉捕盗贼，汉武帝还颁布了《沉命法》，规定凡二千石以下至小吏察捕不力者，皆处死刑。地方官很害怕，经常发现盗贼也不上报，甚至让起义的事态扩大，将其推给上一级的官吏负责。这种"讳盗"的情况不断变多，导致盗贼越捕越多，起义规模越来越大，更是加剧了社会的混乱。

汉武帝在个人生活上也有诸多过失。除了奢靡享乐外，他还迷信鬼神。汉朝的建国功勋多是楚人，楚文化较迷信鬼神。受到祖辈影响，外加追求长生不老，汉武帝养了很多方士。这些方士自称能访仙炼丹，以求长生不老；实际上，多是靠骗术为生。汉武帝曾经宠信一个叫少翁的方士，他擅长召唤鬼神。汉武帝让少翁召唤爱妾王夫人的亡魂，他还真的做到了！相传，少翁把烛光照射到帷帐上，帷帐上真的出现了王夫人的影子。汉武帝看到王夫人的"亡魂"，瞬间"破防"，相顾无言，唯有泪千行。其实，少翁是耍了皮影的把戏，装神弄鬼、烘托气氛罢了。后来，少翁和汉武帝出行，又耍起了鬼把戏。他看见了一头牛，就指着牛肚子说里面有奇异之物。汉武帝很惊诧，命人将牛杀掉。果然，在牛肚子里发现了一卷帛书。这一次，少翁玩砸了，有人认出了帛书上的字正是少翁所写。明白自己被耍了，汉武帝大怒，处死了少翁，还封锁消息，以掩盖自己的愚蠢。因为迷信鬼神，汉武帝还痛失太子，造成了汉武帝晚年最严重的政治动乱——巫蛊之祸。

所谓巫蛊，是一种古老的诅咒巫术。在偶人上写某人的名字，再埋入地下，诅咒其遭遇灾祸或死亡。皇后阿娇失宠后，汉武帝转向了歌女卫子夫，阿娇就用巫蛊诅咒卫子夫，被汉武帝废掉了后位。后来，卫子夫被立为皇后，汉武帝对她百般恩宠。卫子夫的弟弟卫青被封为大将军，其外甥霍去病也是一代名将。卫子夫母仪天下38年，为汉室生育了一子三女，长子刘据7岁就被立为太子。刘据的性格与汉武帝迥然不同，汉武帝严厉冷酷，刘据却宽厚温和，经常为一些处罚过重的案件开恩典。许多大臣（"宽厚长者"派）逐渐环绕在太子周围，时间久了，朝廷中形成了两股政治势力：汉武帝身边的"深酷用法者"，太子身边的"宽厚长者"。前者支持扩张，后者提倡守文，彼此针锋相对。汉武帝晚年时，用法酷吏们对前途产生了担忧，他们害怕太子继位后，自己会受到清算。恐惧演变成攻击，这些人对太子展开了政治进攻，期望扳倒太子。渐渐地，汉武帝与太子产生了嫌隙。在这样的背景下，巫蛊之祸发生了。

汉武帝晚年身体欠佳，酷吏江充趁机诬陷太子用巫蛊诅咒汉武帝，江充还在太子宫中挖出了巫蛊偶人。太子忍无可忍，情急之下起兵反抗。可太子哪里是汉武帝的对手？最终，太子兵败自尽，卫皇后也自杀了。数年之后，汉武帝想明白了，太子应该是被冤枉的。为了报复，他

一代明君汉武帝，也曾一味迷信方术

又屠杀了一批陷害太子的人。此时江充已死，还是被灭了三族。巫蛊之祸导致数万人死亡，受牵连者更多，造成了严重的政治动荡。

百姓生活困苦，民间盗贼成风，朝廷动荡混乱。这一切，使汉武帝朝后期出现了当年秦朝亡国的迹象，汉武帝也坦诚地承认，并称之为"亡秦之迹"。

江山岁月五十年[①]，昙花一现转瞬逝。曾经意气风发的少年天子，今已是风烛残年的白发老人。当生命进入最后的时光，汉武帝内心有些空荡。他时常想起卫子夫和太子刘据，还为此修建了一座"思子宫"。汉武帝幡然醒悟，认识到汉朝再折腾下去就废了，太子的守文路线更适合今后的岁月。他醒悟得并不晚，临终前，他让狂奔了数十年的"大汉列车"及时地降了车速。他拒绝了桑弘羊在轮台屯兵的奏议，并趁机下达了"罪己诏"，向天下检讨自己的过失。在诏书中他说：

朕即位以来，所为狂悖，使天下愁苦，不可追悔。自今事有伤害百姓，靡费天下者，悉罢之！

以《轮台罪己诏》为标志，汉朝治国路线从"尚功"调整为"守文"。这一转变，将汉朝从鬼门关拉回，避免了亡秦悲剧的重演。

汉武帝的一生，是古代大一统帝王的标杆。为建功立业，他威加四海，也耗尽民力。可谓其功也大一统，其过也大一统。然而，他晚年能不惜君主威严而检讨自己的过失，这种超凡的勇气和政治智慧，也着实令人钦佩。汉武帝终其一生，虽有亡秦之过，却免于亡秦之祸，仍不失为一个明智之君。

[①] 汉武帝在位50余年，共用了建元、元光、元朔、元狩、元鼎、元封、太初、天汉、太始、征和、后元这11个年号。

41

立子杀母托霍光
昭宣中兴回守成

昭宣中兴

汉武帝在晚年看到了国家的窘境，但已没时间去改变了。人生已到尽头，汉武帝只能寄希望于后来人。他要为自己的后事做出安排，让汉朝重回正轨，这也是汉武帝对江山最后的一丝眷恋。

汉武帝一生爱美色，可惜生育能力不佳。活到70岁，只生了6个儿子。这一点，汉武帝就不如他的哥哥中山靖王刘胜。刘胜一辈子生了120多个儿子，生育能力很强。汉武帝倒是很长寿，仅有6个儿子，还熬没了仨。也许是老年得子的缘故，剩下的3个儿子，汉武帝最喜欢幼子刘弗陵，说他很像小时候的自己。汉武帝想让年幼的刘弗陵继位，可有些不放心。一是因为刘弗陵的母亲钩弋夫人还很年轻，"子弱母壮"，汉武帝担心她会像当年的吕后那样专权，甚至今后给自己戴绿帽子。临终前，汉武帝狠下心处死了钩弋夫人。钩弋夫人披头散发地祈求汉武帝饶恕，汉武帝决绝地说："快走，你不能活！"最是无情帝王家，踩着母亲的尸体上位，刘弗陵的心理阴影一定很严重。另外，汉武帝还担心刘弗陵太小，又为他精心挑选了4位托孤大臣来辅佐。首席托孤大臣霍光，是霍去病的弟弟；还有桑弘羊，就是那个敛财能手。汉武帝命人画了一幅画送给霍光，内容是周公背负幼年的周成王召见诸侯，嘱托他要像"周公辅成王"那样辅佐刘弗陵。在给儿子铺好了后路之后，汉武帝于公元前87年驾崩，结束了激荡而恢宏的一生。同年，刘弗陵继位，是为汉昭帝。

汉昭帝幼龄即位，治理朝政全凭辅政大臣。霍光想要全面推行守文路线，却遭到了桑弘羊一派的反对。这一派官员信奉汉武帝朝的扩张政策，还想保留一些大一统的内容，如屯田戍边和盐铁官营。霍光派与桑弘羊派的对立，既是守文与扩张的治国路线之争，也是两位辅政大臣的权力之争。经过深思熟虑，霍光决定用民间舆论打击桑弘羊集团，这便有了史上著名的"盐铁会议"。

公元前81年，霍光召集各地"贤良""文学"60余人来长安开会，讨论汉武帝时期的各项政策，尤其是盐铁专营。汉朝的"贤良""文学"，是指察举制度①下的各地候选官员。他们代表地方利益，信奉儒家学说。武帝一朝，各地方被大一统政策折腾得够呛。所以，这些"贤良""文学"在会上群情激愤，对大一统政策展开了全面而猛烈的批判。桑弘羊成了众矢之的，被持续"狂喷"。盐铁会议持续了近半年，会议记录后来被整理为《盐铁论》一书。通过盐铁会议，霍光和守文路线获得了全面胜利，汉武帝的诸多苛政之策被取消或限制。轻徭薄赋再起，休养生息继续，汉朝又回到了文景时期的岁月静好。盐铁会议第二年，桑弘羊却因谋反事件牵连，被灭族。

汉昭帝在位13年后驾崩，年仅21岁。汉昭帝没有子嗣，霍光选立汉武帝之孙——昌邑王刘贺继位。根据汉朝的相关文献记载，刘贺荒淫无道，在位27天，犯下了1127个错误，平均每天犯错41次。无奈之下，霍光将刘贺废黜为侯，也就是近年因奢华墓葬而名声大噪的海昏侯②。实际上，刘贺被废的真实原因可能是他想要亲政，而这威胁了霍光辅政的地位。刘贺从封国带来了200多名随从，想要全面掌控朝政，这是霍光绝不能接受的。至于一天犯错41次，这只不过是胜利者夸张的政治宣传罢了。商朝的伊尹曾经流放过商王太甲，霍光也废黜了皇帝，后世称这样的权臣为"伊尹、霍光之臣"。

---

① 察举制是汉朝最重要的选官制度，由地方官员在辖区内考察人才，然后定期向朝廷推荐。察举分"贤良方正""文学""明经"等若干科目。东汉时，举孝廉成为最主要的科目，郡国每年一举，大约每20万人举一人。"孝廉"本意指"孝子廉吏"，现实中多是精通儒学的高官及富豪子弟，出仕后升官较快。
② 虽然皇帝做不成了，但刘贺的余生依然享尽荣华富贵，还获封了海昏侯之爵位。2011年，海昏侯墓被考古发掘，出土陪葬品一万多件，光是金器就有115公斤。

盐铁会议上，霍光大权在握，"贤良""文学"在其支持下，与桑弘羊展开了辩论

刘贺被废后，霍光又选立刘询继位，是为汉宣帝。刘询是汉武帝的废太子刘据的孙子，一直流落在民间，有着丰富的社会阅历。有了刘贺这一前车之鉴，汉宣帝表现得很是配合，他事事都听从霍光的意见，处处隐忍恭敬。唯有立后一事，汉宣帝没有听从。霍光想让自己的女儿当皇后，汉宣帝婉拒，立了自己的结发妻子许平君为后。这让霍家很生气，霍光的妻子收买了宫中的医生，将许平君毒死，霍光的女儿如愿登上了皇后宝座。这一血债，汉宣帝看在眼里，记在心里。霍光死后，汉宣帝亲政，迎来了复仇的机会。他将霍家满门抄斩，霍皇后也被废黜。历史上权臣的下场，要么像霍光这样最终被清算，要么像曹操那样直接篡权。最后能以人臣身份善终的，少之又少。

虽然清算了霍光的势力，但在治国政策上，汉宣帝并未改弦更张，继续走守文路线。汉宣帝治国比较人性化，他改革了"首匿罪"。"首匿罪"是指若藏匿罪犯，会被处以重刑；哪怕是自己的亲人犯罪，也必须检举揭发。汉宣帝下诏修正：

子首匿父母，妻匿夫，孙匿大父母，皆勿坐。

也就是说，亲人之间不必互相揭发，这维护了人伦底线。在现代社会许多文明国家通行的司法实践中，我们仍可以看到"亲亲相隐"的影子。在美国，嫌疑人亲属就有拒绝做证的特权。这样较为进步的司法原则，我国在2000多年前的汉宣帝时代就已经出现，不得不说是划时代的进步。

汉昭帝、汉宣帝两朝，坚定地走着霍光的守文路线。政治上整顿吏治，经济上轻徭薄赋，外交上也基本维持了与匈奴的和平关系。很快，汉朝的社会就恢复过来了，谷价降到每石5钱，老百姓又过上了吃饱饭、不折腾的好日子。历史上称这一时期为"昭宣中兴"。

42

元成哀平多奇葩
异姓受命汉要亡

西汉后期的政治

　　皇帝要想坐稳江山，关键在于治国路线选用得当。诸多治国理念中，法家路线可以有效加强皇权，但用过头了，老百姓会受不了，最后官逼民反。反过来，一味用儒家的宽仁治国，臣民会很舒服，但不安分的势力会膨胀，最后皇权会被削弱。所以，善治国者，会在儒、法之间适时调整，伺机而动。这一点上，汉宣帝堪称完美的切换大师。

　　汉宣帝是个成熟稳重的男子，早年经历过民间疾苦，即位后又长期忍辱负重，因而有着丰富的政治经验。他的治国手法非常娴熟，既能用儒家思想维护人伦道德，又能在皇权遇到威胁时毫不手软地使用法家思想来整肃异己。前者如亲亲得相首匿原则的确立，后者如诛杀霍光满门。在儒、法路线之间，汉宣帝切换得游刃有余，完全掌控了局势。与汉宣帝的成熟稳重不同，他的儿子汉元帝却是个"傻白甜"皇帝。

　　汉元帝是汉宣帝和结发妻子许平君所生的儿子，以嫡长子的身份早早被立为太子。汉元帝自幼长在宫中，不仅衣食无忧，还受到万众瞩目。在顺境中长大的他，没有老爹那么多的实战经验，也看不透人性的复杂与政治的险恶。《汉书》说汉元帝"柔仁好儒"。当太子的时候，他就向父亲建议，治国要多用儒生，少用刑罚。汉宣帝听了后训斥道：

汉家自有制度，本以霸王道杂之，奈何纯任德教，用周政乎！[1]

"霸道"是法家，"王道"是儒家，汉宣帝是在告诫儿子二者要杂糅相济。看到儿子这样"傻白甜"，汉宣帝料定今后"乱我家者，太子也"，但念及对亡妻许平君的感情，汉宣帝并没有废掉太子。

汉元帝是个善良的人，发自内心的真善良。这样的人，如果是普通人，人缘一定会很好。但作为皇帝，就难免会在险恶的政治斗争中吃亏。汉元帝即位后，用天真治国，放任各方势力坐大，自废了汉朝的武功。为了怀柔关东豪强，他放弃了汉初以来的豪强迁徙政策，以至于豪强势力在地方膨胀。汉元帝还重用宦官，因为他认为宦官没有家室，不会结交外党。结果，宦官势力崛起，并且与外戚势力勾结。汉元帝在位时期，皇权逐渐旁落，为后来外戚王莽篡汉埋下了祸根。

汉元帝在位16年，43岁时驾崩。他的儿子刘骜继位，是为汉成帝。汉成帝还不如他的父亲，即位前就已沉迷酒色，即位后更加荒淫无道。被称为"古代四大美女"之一的赵飞燕，就是汉成帝的皇后。赵飞燕本是歌女出身，没有母仪天下的德行。且赵飞燕嫉妒心极强，自己不孕不育，也不允许后宫其他女子生育。后宫的女子一旦怀孕，就会遭到她的迫害，以致汉成帝其子女皆被残害而终身无嗣，史称"燕啄皇孙"。终日忙于享乐的汉成帝，也没有时间治国理政，一切都交给外戚处理。这股外戚势力，是王太后身后的王氏家族。

汉成帝死后无子，侄子继位，是为汉哀帝。汉哀帝上台之初，还颇有作为，可没多久便"腐"化了。汉哀帝也很好色，不仅好女色，也好男色。古代不少皇帝都喜好男风，尤以汉、明两朝为甚。倒是唐、元、清这样胡风较重的王朝，皇帝性格彪悍，不太喜欢阴柔的小白脸。汉哀帝迷恋一个叫董贤的男宠，甚至公开"出柜"。一日，二人躺在宫中的床榻上午睡，董贤枕在汉哀帝的衣袖上。汉哀帝醒来后，不忍打扰熟睡中的董贤，便用宝剑割断了衣袖，方才起床。此事之后，"断袖之癖"

---

[1] 出自《汉书·元帝纪》。

燕飞来，啄皇孙；皇孙死，燕啄矢（《汉书·外戚传下·孝成赵皇后》）

就成为古代男同性恋的代名词。汉哀帝爱董贤爱到痴迷，一度想将皇位禅让于他，可谓"爱美男而不爱江山"。依仗着皇帝的宠爱，董贤大肆贪腐。汉哀帝当了6年皇帝便驾崩了，董贤被罢官后自杀。董家最后被抄卖，财产高达43亿钱。

汉哀帝也没有留下子嗣，他的堂弟刘衎继位，也就是9岁的汉平帝。相较于之前的三位皇帝，汉平帝倒也没做什么坏事。因为他还没来得及干什么，便在14岁驾崩了。

元、成、哀、平四帝，可谓一个不如一个。一个"傻白甜"，一个贪恋美色，一个"公开出柜"，一个早早夭亡。虽然生活上奇葩，政治上毫无建树，他们却也没有像汉武帝那样使劲折腾老百姓。半个多世纪的时间里，百姓的生活总的说来还算安稳，汉朝的人口数量持续增加。汉平帝时，全国人口数量接近6000万，这是西汉人口数量的顶峰。随着人口激增，各种社会问题也出现了，最大的问题便是土地兼并问题。承平日久，土地逐渐集中在少数地主豪强手里，社会的贫富差距越来越大。此时的社会，既没有汉初时的朴素作风，又缺乏汉武帝时的开拓精神。整个社会浑浑噩噩，各阶层普遍都存在着迷茫情绪，以至于对汉朝产生了厌倦之心。受董仲舒"天人感应"理论的影响，汉朝人很相信天命。大家认为，当下这样的社会状态，是汉朝气数已尽的表现。

既然汉朝气数已尽，那就需要"异姓受命"，改朝换代。所谓"异姓受命"，就是认为上天会再授命一个新天子，让他建立一个新的王朝，革新天下。那么，由哪个"异姓"来受命呢？世人的目光逐渐集中到了王太后的侄子身上，这个人叫作王莽。

43

理想主义数王莽
复古改制乌托邦

王莽改制

王莽能够登上历史舞台，进而篡汉称帝，其渊源要追溯到一件红色衣服。

当年，汉元帝还是太子的时候，很宠爱司马良娣。可惜司马良娣早亡，太子整日郁郁寡欢。他的父王汉宣帝很着急，就委托皇后选了5个美女，让太子挑一个当太子妃。可太子看完后，只是敷衍地回答说，有一个还凑合吧！侍从听了后一脸蒙，到底是哪一个还凑合呢？大家分析：离太子最近的那个女孩，穿了件红色衣服，感觉很是"小清新"，应该就是太子说的还凑合的那个。后来，这个女孩成了汉元帝的皇后，之后又当上了太后、太皇太后。她84岁高龄去世，母仪天下60多年，熬过了元、成、哀、平四代皇帝，影响了西汉最后半个世纪的历史走向。此人就是王莽的姑妈，王政君。

汉元帝死后，王政君成为太后，王氏家族崛起为最大的外戚势力。王家的男子多被封侯，一个个都沉迷于声色犬马。唯有一人与众不同，依旧过着朴素而低调的生活，此人便是王政君的侄子王莽。汉成帝末年，王莽成了王氏家族的首领，出任汉朝大司马。汉哀帝死后，王莽又拥立9岁的汉平帝继位，逐渐权倾朝野。虽然王莽大权在握，但他却一点也不骄纵。儿子失手杀了奴仆，王莽竟让他自杀赎罪。古代富贵人家的女子，裙摆较长，会拖至地上，王莽的妻子却简朴到"衣不曳地"，大臣们去王莽家拜访，误以为莽妻只是个奴仆。王莽在家生活简朴，对外却仗义疏财。他经常把自己的俸禄分给手下。灾荒时，他还捐出田产救

王莽与王政君拥立汉平帝，但实际由王莽总揽朝政

济灾民。王莽还重视知识分子，不仅扩充博士和太学生的名额，还兴建万间太学房舍，改善士人的生活条件。对汉朝宗室和官员，王莽也大加封赏。总之，全国上下都对王莽一致好评，盛赞他是周公再世。后来，王莽篡汉，后世的评价较为负面，认为他之前的善举都是伪装的。然而，一个人若能伪装到世人皆称赞的程度，那也是真心不易。

  与对王莽的赞誉形成鲜明对比，世人对汉朝却大失所望。元、成、哀、平四朝，各种社会矛盾一直在累积，人们普遍产生了厌汉情绪。受天命观的影响，大家认为这是汉朝气数已尽的表现，应该由王莽"异姓受命"，改朝换代。在周礼的嘉礼中，有个"加九锡"之礼，就是天子赏赐给大臣车马、斧钺等9种物品，是对臣下的最高礼数。古代的权臣一旦"加九锡"，多半是要篡位了。当时，全国有487572人上书朝廷，请求为王莽"加九锡"。不久，汉平帝夭亡，王莽代行天子之职，称"假皇帝"。为了说明自己篡位的合理性，王莽急需相应的天意符谶。这时，太学生哀章伪造了一份天书，上有"莽为真天子"的内容。王莽大喜，封他为高官。随后，更多的政治投机者献上符谶和祥瑞，鼓吹王莽应该称帝。在全社会的呼声下，公元8年，王莽正式接受禅让，登基称帝，改国号为"新"，西汉至此灭亡。

  王莽是个理想主义者，他不仅想当皇帝，还想构建一个全新的和谐世界。王莽认为，周朝是儒家心目中最理想的社会。于是，他开始了大刀阔斧的复古改制，要把一切改回周朝的状态。

  王莽改制，主要集中在经济制度上，特别是土地制度。土地兼并是历代王朝的死穴，每个王朝承平日久之后，人口就会暴增，土地就会不够用。每遇天灾与变故，小农家庭往往靠出卖土地来应对难关。久而久之，土地就集中到了少数地主手里，造成土地兼并问题。王莽认为土地兼并的病根在于土地私有制，如果像周朝那样实行土地公有制，就不存在私人兼并了。于是，王莽模仿周朝的井田制，搞了个"王田制"。他宣布天下土地皆为"王田"，不得私人买卖。如果一家不满8个男子而占田地超过一井时，必须将多余的田地分给亲族乡邻。这种依葫芦画瓢的改革，很不切实际。周朝时的生产力水平低下，人口少，土地种不过来，不应该实行私有制，更不存在兼并。可时过境迁，汉朝的生产力水平和土地情况和周朝完全不同。周朝的土地制度非但不能解决汉朝的问题，还引发了更大的社会矛盾。王莽宣布土地公有，等于没收地主的财产，这比汉武帝的敛财政策还招人恨。王莽受《周礼》影响，于长安以及洛阳、邯郸、临淄、宛、成都这些当时的"一线大城市"，设置了"五均官"，试图由政府来制定商品价格。这颇有计划经济的味道。这个想法虽好，但严重违背了经济规律。为了增加市场上的货币流通量，王莽发行了大额货币"金错刀"，一枚值五铢钱五千。另外，他还发行了金、银、铜、龟、贝5种币材所造的多种货币。一时间，市场上货币种类混乱，换算困难，导致了严重的通货膨胀。

如果说王莽经济改革的出发点还是好的，是好心办坏事，那么其他的改革就是理想主义者的瞎胡闹了。为了复古或迎合天数，王莽多次更改官名和地名。比如汉阳县，因带有汉朝的"汉"字，就被王莽改名为新通县。有的郡县地名在短期内被改了5次，让民众很蒙。在民族关系上，王莽也乱搞一气。他将少数民族首领由王降为侯，还把东北的高句丽改名为"下句丽"。王莽还重新发起对匈奴的战争，使汉匈关系又回到了汉武帝时代。民族关系崩溃，边境战争再起，各族民众深受其害。

王莽乌托邦式的改革，是理想主义者的欢脱，也必将以悲剧的结尾黯然收场。

44

绿林赤眉亡新莽
光武中兴续东汉

光武中兴

　　王莽复古改制,非但没有创造太平盛世,还把社会推入了万丈深渊。经济的崩溃,连年的天灾,造成了严重的饥荒,汉朝又出现了人吃人的惨象。活不下去的民众揭竿而起,农民起义大规模爆发了。各支起义军中,影响力最大的是绿林军和赤眉军。绿林军得名于其根据地绿林山,"绿林"二字也成为后世江湖豪杰的代名词;赤眉军得名于士兵都将自己的眉毛染红,就像今天的"杀马特"。一些地主武装也趁机起事,刘縯、刘秀的队伍就是其中的代表。

　　刘秀出身于汉朝宗室,是刘邦的九世孙。但他的血脉比较远,刘秀的父亲并未封侯,只是一个小县令。更悲伤的是,刘秀的父亲死得还很早,刘秀没沾上啥光。刘秀少有大志,人生有两个小目标:一个是娶漂亮老婆,一个是当大官。他梦想中的漂亮老婆,是当地的富家千金阴丽华;他梦想中的大官,是京城的卫戍长官执金吾。刘秀常说:"仕宦当作执金吾,娶妻当得阴丽华。"对一个没落的"官九代"而言,刘秀若能实现这两个人生小目标,无异于癞蛤蟆吃了两只天鹅。

　　反王莽起义爆发后,刘秀和哥哥刘縯拉起来一支七八千人的散装部队,加入了绿林军。他们的武器装备很简陋,刘秀最初连战马都没有,只好骑牛上阵。尽管底子差,但架不住刘秀会炒作自己的身份。民众的生活被王莽折腾毁了,都开始思念汉朝。刘秀利用这种思汉情绪,大秀自己的宗室身份,打起了"复高祖之业,定万世之秋"的旗号。罗贯中写的《三国演义》中,刘皇叔的人设可能来自刘秀。

公元23年，王莽的42万大军与绿林起义军大战于昆阳。刘秀身先士卒，率军冲乱了敌军阵形，最后以少胜多，取得了决定性胜利。此时的王莽已到穷途末路，却还沉迷于"天命"的虚幻之中。他率领文武百官到郊外向苍天哭诉，哭得像个孩子一样。百官也跟着一起，从白天哭到晚上。哭得好的，还获得了王莽的封赏。然而，"哭天盛典"未能改变王莽的命运。不久，绿林军攻入长安，王莽死于混战之中。他的头颅被割了下来，被皇室收藏以做警示，直到200多年后的西晋时期才被焚毁。

新朝灭亡的同年，绿林军拥立了一位"更始皇帝"，名叫刘玄。不久，绿林军发生内讧，刘縯被更始帝杀害，刘秀与更始政权决裂。公元25年，刘秀被部下拥戴称帝，仍以"汉"为国号。刘秀定都洛阳，因为洛阳在西汉都城长安的东面，所以后世称"东汉"，也称"后汉"。刘秀称帝后，用了12年的时间陆续消灭了各地的割据势力。经过了20多年的战乱后，天下恢复了统一与稳定。

长期战乱使东汉人口锐减，史书称"十有二存"。面对这样一个残败不堪的王朝，开局时刘秀学习西汉开国先祖，也搞起了休养生息政策。他推行轻徭薄赋，恢复发展生产，还多次释放奴婢为庶人，增加自由劳动力。为了打击地主豪强隐匿奴婢和土地数量的行为，刘秀颁布"度田令"，彻查全国的人口和土地。这既限制了地主豪强势力，也增加了国家赋税收入。刘秀还提高奴婢的法律地位，指出"天地之性人为贵"，规定杀奴婢的人不得减罪。奴婢的命也是命，刘秀的做法颇有普世情怀。

政治上，刘秀则加强中央集权。汉武帝时，朝廷分为内朝和外朝。内朝官员多是皇帝的亲信，级别低但权力大，以制衡外朝大臣。刘秀进一步发挥内朝的作用，将重大事务交由内朝的尚书台决策，外朝的三公只负责监督执行，这就是"虽置三公，事归台阁"。对于帮助他打天下的功臣集团，刘秀没有像刘邦那样赶尽杀绝，而是"退功臣而进文吏"。给予功臣爵位与厚禄，但"委而勿用"。也就是国家养着功臣，让他们成天享乐，但不能参与政治，国家另选文官任用。在地方上，刘秀大量裁减政府机构，合并郡县，减少官员数量。东汉的官民比只有

1∶7464，民众的负担很轻。

军事上，刘秀也尽量保持同匈奴的和平局面。西汉末年，匈奴趁乱控制了西域。东汉建立后，一些大臣主张给匈奴以颜色。刘秀深知战争不是最佳手段，毕竟汉武帝打了一辈子也没彻底解决匈奴问题，还把老百姓折腾得够呛。爱惜民力的刘秀，对匈奴采取了安抚策略。只要匈奴不威胁汉朝的核心利益，汉朝就不轻易开战。历史实践证明，刘秀的这一做法是明智的。

刘秀在位32年，东汉社会保持了稳定，经济实现了持续发展，民众安居乐业。到刘秀统治后期，汉朝人口数量恢复到2000多万，增长了近一倍。汉朝出现了强劲的复兴态势。因为刘秀的谥号为"光武"，所以后世称他的统治时期为"光武中兴"。

两汉四百多年，民众有三段幸福时光：一是文景时期，二是昭宣时期，三是光武时期。相比之下，刘秀能文能武，还有情有义。不仅白手起家复兴了汉室，还妙手回春缔造了中兴。即便放到古代全部500多个帝王中，刘秀也堪称最优秀者。但也许是少了些"一将功成万骨枯"的豪迈，刘秀在历史上的存在感要低于其真实功绩。然而，我们必须明白一个道理：国家存在的价值是保护民众，而不是让民众为国家而生存。这一点，刘秀应该是懂得的。

在汉光武帝的苦心经营之下，东汉社会终于再现繁荣

45

明章之治引佛教
外戚宦官专政忙

宦官与外戚

　　一般而言，一个王朝的初期都会是个好时代。其原因主要有三。首先，改朝换代的战乱让统治者认识到了民众的力量，新王朝往往会调整统治政策，善待民众；其次，前朝积累的社会矛盾多会在战乱中消除，重新洗牌后的社会相对稳定；最后，开国初期的皇帝多有励精图治的进取精神。不像后期的皇帝，在安逸中逐渐倦怠或堕落。东汉前三帝的统治时期，就属于这样的好时代。

　　汉光武帝刘秀死后，汉明帝刘庄继位。他是汉光武帝的嫡长子，母亲是刘秀当年做梦都想吃到的"天鹅"——阴丽华。汉明帝以30岁壮年即位，在位18年，保持了东汉的中兴态势。治国路线上，汉明帝大力提倡儒学，兴复礼乐，善待民众。同时，他也注重刑名文法，严苛驭下，对大臣、宗室、外戚等特权阶层严格驾驭。就像汉宣帝一样，汉明帝深谙汉朝的治国秘诀——"霸王道"，全面掌控了政局。后世评价汉明帝，认为他的执政风格和清朝的雍正帝颇为相似。汉明帝在位期间，主要干了三件大事。

　　第一件大事是治理黄河。作为中华文明的母亲河，黄河并不慈祥。由于中上游水土流失严重，黄河下游经常因河道堵塞而泛滥。严重时，河水会冲出原有河道，造成黄河改道。这会让黄河变身灾难之河，冲毁大量房屋和庄稼。汉明帝任用水利家王景治理黄河，王景在河道的关键位置修建多处水门，以调节水量，防止黄河决口泛滥。王景治黄后，黄河800年间没有改道，静静地当回了母亲河。

第二件大事是重新控制了西域。光武年间，国家初创，对匈奴采取了安抚政策，匈奴人控制了西域。汉明帝在位的最后三年，他派大将窦固攻打北匈奴，一直打到了天山附近。随后，汉明帝又派班超出使西域。班超不负众望，重建了西域都护府，再次将西域纳入汉朝版图。

第三件大事是将佛教引进中原[①]。相传，汉明帝曾梦见一个高大金人降落在大殿前，头顶闪耀着白光，金人腾云驾雾升起，最后向西飞去。梦醒后，汉明帝向群臣讲述了这个奇异的梦。一个博学的大臣告诉汉明帝，他梦见的是西方的佛陀。于是，汉明帝就派使者到佛教的诞生地天竺（古印度）去求取佛经。后来，两位天竺僧人随汉使来到洛阳，还用一匹白马驮来了经书。汉明帝大喜，亲自接待天竺僧人，还在洛阳修建了白马寺供两位僧人居住。据说，两位僧人在此翻译出了《四十二章经》。

汉明帝死后，20岁的太子刘炟继位，是为汉章帝。汉章帝为政宽和，颇有儒家长者之风。他在位10余年，国家继续着承平岁月。明、章两朝，政治清明，社会安定，民安其业，户口滋殖，后世称"明章之治"。从光武中兴到明章之治，东汉过了半个多世纪的好日子。从第四代皇帝汉和帝开始，东汉就进入了后期模式，并开始了奇葩的双循环——外戚和宦官交替专权。

之所以会出现外戚和宦官交替专权的现象，主要在于继位的皇帝年龄小，并且寿命都不长。东汉十三帝，只有开头3个是成年后即位，后10个皇帝的平均即位年龄只有九岁半，最小的才刚过百天。娃娃皇帝，连撒尿都无法自控，更不要谈控制朝政了。这时候，太后的机会就来了。汉章帝以后，窦、邓、阎、梁四位太后相继临朝称制。她们将外朝事务"委权父兄"，东汉相应地出现了窦、邓、阎、梁四大外戚势力专权擅政的情况。可是，娃娃皇帝毕竟会长大。懂事后，他们就会不满外戚的专权。另外，这几位太后也不是皇帝的生母，彼此没有血缘情感可言。所以，皇帝长大后就会想办法夺权亲政。这时候，皇帝身边的心腹宦官

[①] 张骞出使西域后，佛教经丝绸之路传入中国，汉明帝时由官方正式引入。

白马驮经，佛教入中原

就成了夺权助手。夺权成功后，皇帝倚重宦官，宦官势力又开始专权擅政。宦官为了长期掌权，会怂恿皇帝在后宫花天酒地。时间长了，皇帝把身体玩坏了，便会英年早逝。汉章帝之后的皇帝，没有活过36岁的。皇帝死得早，又是一个新的娃娃皇帝继位，又开始了新的外戚专权。就这样，交替专权就又回到了外戚这边，继续着恶性双循环。

汉和帝的一生，就是外戚和宦官交替专权的典型案例。汉章帝33岁驾崩，10岁的汉和帝继位，他的养母窦太后临朝称制。窦氏外戚势力随之崛起，为首的是窦太后的哥哥窦宪。窦宪还算是个有作为的外戚，他很有军事才干——他曾领兵出击北匈奴，出塞追杀3000余里，打到了燕然山，在此地刻石记功。燕然山就是今蒙古国的杭爱山，后世称窦宪的功绩为"燕然勒功"。匈奴人被打得一路西逃，有学者认为他们一直向西逃到了欧洲，和其他"蛮族"一起灭亡了西罗马帝国，使欧洲进入中世纪时期。窦宪因有大功于汉，所以变得跋扈骄纵，并且把持了东汉朝政。地方官员多出于窦宪门下，朝中大臣对其望风承旨。就连编写《汉书》的史学家班固，也是窦宪的手下。

汉和帝逐渐长大懂事，很担心权倾朝野的窦宪会成为"王莽第二"，于是下决心要夺权。此时的外朝，皆是窦宪党羽，汉和帝虽然只有十几岁，但少年老成，他悄悄地在后宫和亲信宦官谋划大事。这些谋大事的宦官中，有一个很有名，叫作蔡伦。

46

搞宫斗蔡伦造纸
为清议士人党锢

党锢之祸

蔡伦出生于一个铁匠世家，从小喜欢钻研各种生产技艺。他还能读书识字，有一定的才学。汉章帝时，蔡伦入宫为宦，随后参与了一场后妃间的宫斗。这场宫斗，为他赢得了崛起的政治资本。

后宫间的宫斗异常残酷，一个女人得宠与否，不仅关系自己的身家性命，还决定了其背后家族的兴衰荣辱。汉章帝的窦皇后，常年不孕不育，而宋贵人的儿子刘庆被立为太子。这让窦皇后很惶恐。于是，她派心腹宦官蔡伦去秘密监视宋贵人，找机会陷害她。不久，宋贵人被诬陷"挟邪媚道"，就是说她使用巫术。宋贵人被逼自杀，太子刘庆也被废。后宫还有个梁贵人也生了儿子，名叫刘肇。梁贵人自知斗不过窦皇后，就把儿子送给皇后当养子。后来，刘肇被立为太子。汉章帝死后，10岁的刘肇继位，是为汉和帝。窦太后临朝称制，蔡伦因宫斗有功而被提拔为中常侍①，进入了权力的中心。

蔡伦的政治嗅觉很敏锐，他发现：汉和帝虽然年少，但做事却很果敢。蔡伦料定，窦氏外戚迟早会被汉和帝清算。于是，他悄悄靠向了汉和帝。不久，在蔡伦的帮助下，汉和帝铲除了窦氏外戚集团。蔡伦在政治上的远见，远得不是一点半点，他总能提前一个时代而未雨绸缪。汉

---

① 古代官职名里带有"中"字的，一般都是在内廷服务的近臣。所谓"中常侍"，就是在宫中经常服侍他人的人，汉安帝以后多用宦官担任。他们平时负责传达诏令，参与政治活动，权力极大。

章帝33岁英年早逝，蔡伦很担心汉和帝会遗传他爸的短命基因，为了给自己上个"双保险"，蔡伦又傍上了汉和帝的邓皇后。

邓皇后出身书香门第，喜欢写诗作赋。为了投其所好，蔡伦立志要为邓皇后制造出供书写用的优良纸张。铁匠家庭出身的蔡伦，秉承着工匠的钻研精神，成功改进了造纸术。虽然西汉时期就已有造纸工艺，但成品较差，造出来的纸不好用。蔡伦改进出来的纸张，轻薄柔韧，物美价廉。蔡伦因此获封"龙亭侯"，改进的纸张被称为"蔡侯纸"。造纸术是中国古代科技对人类文明的重大贡献，推动了世界范围内的文化传播。

就在蔡伦改进造纸术的第二年，汉和帝驾崩了。出生仅百天的汉殇帝继位，邓太后临朝称制。好在蔡伦做了预判，继续靠着邓太后留在了权力中心。可惜，汉殇帝不满周岁也夭折了，邓太后又立了13岁的汉安帝继位。这个汉安帝不是别人，正是废太子刘庆的儿子，他的奶奶就是被蔡伦害死的宋贵人。汉安帝和蔡伦有"杀奶之仇"，报仇是迟早的事。邓太后去世后，蔡伦失去了靠山。汉安帝下令，彻查蔡伦。蔡伦坦然地接受了命运，焚香沐浴，穿戴整齐，然后服毒自尽。蔡伦的一生，靠政治站队而荣，因政治站队而死。可他到死也不会想到，他被后世铭记的，并非政治斗争，而是造纸术。

蔡伦虽死，可宦官政治还远未结束。汉安帝死后，汉少帝继位，在位200多天就挂了，再之后是汉顺帝。汉顺帝的梁皇后，她的哥哥梁冀又成了最大的外戚势力。汉顺帝死后，梁冀先后立了汉冲帝和汉质帝两个娃娃皇帝。面对梁冀专权，汉质帝童言无忌，说他是一个"跋扈将军"，因此遭到梁冀毒杀。随后，梁冀又扶15岁的汉桓帝继位。十多年后，汉桓帝依靠身边的宦官诛杀了梁冀，开始亲政。汉桓帝治国倚重宦官，宦官专权局面达到了巅峰。由于生理上的缺陷，宦官多性格扭曲，行事风格阴险毒辣。许多官员屈服于宦官的淫威，甚至还攀附于宦官，主动认宦官为干爹，朝中逐渐形成了一个宦官集团。

除了宦官和外戚两大势力外，东汉朝廷中还有一个士大夫集团。他们不仅有朝中官员，还有太学生和地方官僚世家。他们对朝政忧心忡

蔡伦造纸的最大动因是其敏锐的政治嗅觉

忡，从儒家价值操守出发，批评时政，对抗宦官，力求匡扶社稷。他们影响政治的主要手段是"清议"，即品评人物和事件，编成朗朗上口的风谣，在社会上形成舆论。比如对正直的官员李膺和陈蕃，清议评价为"天下楷模李元礼，不畏强御陈仲举"。李膺是反宦官集团的领袖，多次打击宦官势力。大宦官张让的弟弟在地方为非作歹，李膺要将其治罪，吓得他逃到在京师的张让家中。李膺派人到张让家中抓捕，最后将其弟弟处死。

士大夫集团的抗争，遭到了宦官集团的反扑。他们污蔑士大夫结党干政，称他们为"党人"，还指责"清议"是在"诽讪朝廷，疑乱风俗"。作为专制帝王，汉桓帝也不愿意看到大臣们抱团，这容易对皇权造成威胁。于是，汉桓帝下令逮捕"党人"，李膺等200多人被捕。最后，获罪党人被罢免回家，终身禁锢，永不录用，史称"党锢之祸"。士大夫集团并未因此而退缩，许多官员因为自己没有被列入"党人"而感到惭愧，还有的官员上书请求连坐。东汉士人这种不畏强权、匡扶社会正义的努力，正体现了中国知识分子"为天地立心"的精神追求。汉桓帝死后，汉灵帝继位，宦官政治继续。汉灵帝甚至公开管宦官叫"爹"，说"张常侍是我公（宦官张让是我爹）"。此时，又发生了第二次党锢之祸。李膺被拷打至死，另一领袖张俭逃亡。张俭所逃之处，大家都不顾身家性命地收留他。近代文人谭嗣同，赞叹东汉时期的社会正气，还写下了"望门投止思张俭"的诗句。两次党锢之祸让东汉朝廷失掉了民心，也为东汉覆亡埋下了伏笔。

蔡伦和李膺，是皇权政治下两类臣子的代表。前者专攻权术，迎合权力；后者坚持操守，为民请命。2000多年来，两类人一直在博弈，切磋琢磨中，塑造了中国历史发展的主线。

47

灵帝卖官能打折
黄巾起义敲丧钟

黄巾起义

《出师表》中，诸葛亮说刘备生前总结东汉衰亡的教训，"未尝不叹息痛恨于桓、灵也"。罗贯中在《三国演义》中也说："推其（东汉）治乱之由，殆始于桓、灵二帝"。看来，无论是当世人，还是后来人，都将东汉覆亡这笔账算到了汉桓帝和汉灵帝头上。桓、灵二帝，叔侄二人，的确是无道皇帝中的两朵奇葩。相比之下，汉灵帝更加无可救药，直接将东汉社会推向了万劫不复的深渊。

党锢之祸中，许多官员被革职或治罪，朝廷官职出现了许多空缺。为了弥补空缺，汉灵帝动起了歪脑筋，开始卖官鬻爵。早在战国时期，秦国就有卖官鬻爵之事，但卖的都是小官。汉灵帝胆子大，什么官都敢卖，可谓货品齐全。他在宫中成立了一个卖官机构，名曰"西园"，由宦官经理人负责经营。所有官职，哪怕是三公，都可在西园售卖。汉灵帝卖官很讲信誉，官职明码标价，还可以讲价。当时有个官员叫崔烈，想买司徒一职，标价一千万钱。崔烈通过汉灵帝的乳母讲价，最后以五折的价格拿下。拜官之日，汉灵帝亲自来庆贺，私下跟近臣吐槽，真后悔当时没坚持一下，要么准能卖到一千万！曹操的父亲曹嵩，花了一亿钱买到了太尉一职。

卖官鬻爵政策之下，许多正直清廉的士大夫，宁可死也不肯出来当官。有一年，汉灵帝派人到各州各郡去征收修缮宫殿的费用，规定凡是新委任的官员，都要先去西园议定应交纳的费用才能赴任。巨鹿郡新任的太守叫司马直，他若要赴任，须交两三千万钱。因清廉之名在外，汉灵帝给他打了个折。但司马直不愿花钱买官、鱼肉百姓，所以选择自杀。临死前，司马直上书抨击了汉灵帝的卖官政策。司马直以死相谏，用生命捍卫了士大夫的价值操守。

官员都被皇帝的恶政逼死，老百姓就更没有活路可言了。既然是花钱买来的官，官员考虑的自然是收益，而非正义。他们多半会横征暴敛，向民众索要收益。有的官员还和地方上的豪强势力相勾结，追求合伙生意。东汉末年，自然灾害也开始频繁发生，这更让老百姓生不如死。正当民众生活在水深火热之际，一个民间宗教悄悄兴起，给苦难的民众燃起了希望之火。这个民间宗教叫作"太平道"。

太平道是道教的早期源流之一，创始人为张角。太平道尊奉"黄老之学"，认为黄帝时代是最美好的太平世道。黄老学说本是西汉初年的治国思想，在其影响下，汉初实行了60多年的休养生息政策，民众生活得比较安逸。汉武帝时，为了搞大一统，罢黜百家，独尊儒术，黄老学说被统治者冷落。可是在民间，黄老学说还维持着旺盛的生命力。张角将黄老学说整合，融入一些民间迷信思想，从而创立了太平道。《太平经》是太平道的教典，书的内容十分庞杂，既有阴阳五行学说，还有符咒治病、辟谷食气理论、谶语学说、鬼神崇拜、修炼成仙等内容。太平道是民间迷信的大杂烩，知识分子多将其看作无稽之谈。可是在苦难而无知的民众那里，太平道却非常有号召力。

比如用符咒治病，张角用符咒焚烧后的灰烬泡水，给病人喝下，声称能够治病，很多人还真的被治好了。实际上，这只是一种心理暗示疗法。古代中医十三科中有个"祝由科"，就是这个套路。如果病治好了，就归功于张角的神力；如果没治好，就说是因为病人心不够诚，病人便会更加虔诚地信奉太平道。当时，来找张角看病的人络绎不绝，光是路上病死的人就有上万之多。

张角以治病的方式传教，信徒增至数十万。势力壮大后，张角准备践行他的政治理想。他要发动起义，推翻汉朝，建立一个推崇黄老学说的太平世道。太平道相信天命观，认为人间的灾祸是上天降下的惩罚。东汉时期，朝政混乱，自然灾害频发，这正是上天要灭亡汉朝的前兆。

根据阴阳五行学说，汉朝是火德，而火生土，土德朝代将会取代汉朝。为此，张角提出了"苍天已死，黄天当立，岁在甲子，天下大吉"的起义口号。所谓"苍天"，是指火德的汉朝，"黄天"则是指土德的太平道。土德崇尚黄色，所以太平道的信众都头戴黄巾为标识。张角将信众组织起来，划分为"三十六方"，"大方"万余人，"小方"六七千人。起义前，张角派人在官府的门上或墙上写上"甲子"二字，这即是在标注进攻目标，也是提示起义时间[①]。就在起义紧锣密鼓地准备时，有一个信徒叛变，向官府告发。事态紧急，起义不得不提前开始。

汉灵帝中平元年（公元184年），黄巾起义爆发。张角自称"天公将军"，信众称"黄巾军"。黄巾军攻城陷镇，烧毁府衙，斩杀官吏，打击地主。一月之内，全国7州28郡同时起事，京师震动，天下大乱。起义最初的三个月里，黄巾军取得了可喜的战绩。但由于起义仓促提前，部署没有完善，特别是都城内的起义计划没有实现，这给了东汉朝廷以喘息的机会。另外，黄巾军缺乏军事训练，战斗力还是比不过官军。不久后，张角病逝了，起义军群龙无首，黄巾起义以失败而告终。

为了剿灭地方上的黄巾军，东汉朝廷给予地方政府更多的军政大权，地方军阀大量涌现。这一招实际上是饮鸩止渴，黄巾军虽然最后被镇压了，但地方却开始拥兵自重。一个个军阀先后崛起，东汉陷入了群雄割据的状态。黄巾起义后，东汉王朝名存实亡，三国时代的历史大幕徐徐拉开了。

---

① 甲子年起义，指公元184年。

黄巾起义，为日后的诸侯割据、群雄纷争埋下了伏笔

48

秉笔直书太史令
史家绝唱司马迁

司马迁与《史记》

两汉文化成就之一，是史学的发展。集大成者，是司马迁和他编纂的《史记》。司马迁是汉武帝时候的太史令，隶属于九卿之一的太常。太史令不仅要记录历史，还要负责天文观测和推算节气、历法。因为古人相信"天人感应"，认为上天主宰着人间的发展走向，要时刻关注上天的情绪。从性质上看，太史令是史官。

在中华文明发展进程中，史官有着极其重要的地位。他们要如实地记录历史，不虚美，不隐恶，不能为讨好当权者而曲笔。虽然史官的权力不大，但他们有着无上的使命感和责任感。有时候，他们要用生命来捍卫自己的职责。春秋时期，齐国有个大夫叫崔杼，因国君给他戴了绿帽子，他愤而弑君。史官得知后，如实地记录"崔杼弑其君"。崔杼很生气，就杀了史官。史官的弟弟继承史官之职，崔杼让他改写，遭拒，崔杼又将他杀了。史官的又一个弟弟继承职位，他不畏崔杼威胁，继续记录"崔杼弑其君"。这次，崔杼没再杀。因为杀了也没用，下一个史官还会如实记录。此时，另一个史官南史氏捧着竹简赶了过来，他以为史官兄弟被杀绝了，怕没人如实记录历史，便赶过来前仆后继了。对史官来说，秉笔直书比自己的生命还重要。正是由于史官的存在，古代的当权者干坏事时才会有所忌惮，因为他们担心自己被史官记上一笔。史官制度是对专制权力的有效制约，是我国古代最伟大的制度之一。

古代的史官职位是世袭的，因为历史的记录与整理需要很强的专业性，世袭有利于史官从小耳濡目染，获得专业训练与史料积淀。司马迁的父亲司马谈，也担任过太史令。司马谈的祖上，还担任过周朝的史官。对此，司马谈有莫大的荣誉感。为了继承和发扬家族传统，司马谈立志要写一部古今通史。所谓通史，就是内容从古至今，贯通多个朝代的史书。与之对应的断代史，则专写一朝一代的历史。为了写成这部通史，司马谈积累了很多资料。可是，一个意外的事件，让他抑郁而终。公元前110年，汉武帝到泰山举行封禅大典。所谓"封禅"，分为"封"和"禅"两个环节。"封"是在泰山顶上祭天，"禅"是在泰山脚下祭地。天子是上天的儿子，"封禅"相当于是向上天汇报自己的政绩。在古代，只有太平盛世的帝王才有资格封禅。如此重大的典礼，司马谈作为史官，亲自参与了礼仪的安排和制定。然而，不知道什么原因，他最后没能亲自参加封禅仪式。作为一个史官，未能亲自见证重大历史时刻，这让司马谈倍感遗憾，竟因此抑郁而终。司马谈死后，司马迁继任太史令一职，以完成父亲撰写通史的遗志。

为了撰写这部通史，司马迁游历天下，广采博闻。加上父亲的史料积累和自己的史学天赋，这部通史撰写得很顺利。然而，又一个意外发生了，这便是李陵之祸。李陵是汉朝将领李广之孙。汉武帝命其征讨匈奴，李陵亲率五千步兵深入匈奴腹地，被8万敌军包围。李陵孤军奋战，终因寡不敌众而投降。在专制社会，投降是绝不允许的。汉武帝大怒，将李陵全家诛灭。对于李陵案，群臣无人敢帮忙辩解，有的甚至落井下石。只有司马迁仗义执言，说李陵以五千步兵杀敌一万，已经是拼死抵抗，投降是无奈之举。他还分析李陵投降很可能是诈降，今后有机会，李陵一定会重新报效汉朝。这番辩解触怒了专制皇权的威严，盛怒之下，汉武帝给司马迁定了个"诬罔"之罪。这个罪名本来要判死刑的，但有两种方式可以免死，一是花钱，二是接受宫刑。司马迁没钱，最后只能忍受宫刑。

司马迁本来可以选择死亡，但是史官的使命感让他必须苟活。他要完成父亲的遗愿，要实现自己身为史官的价值。最终，忍辱负重的司马迁完成了近53万字的《太史公书》，后人称为《史记》。书中，司马迁自言要"究天人之际，通古今之变，成一家之言"。意思是说，要探究历史趋势与人类社会之间的关系，通晓古往今来的社会演变进程，并且以自己独立的史官视角来阐述历史。

司马迁在《史记》中首创纪传体，即以人物传记为叙事单元。他将人物传记分为三个等级：首先是本纪，主要记载帝王的言行和王朝的兴衰；其次是世家，主要记载诸侯国的历史；最后是列传，主要记载帝王和诸侯以外的人物和群体。根据不同人物的历史影响，司马迁也做了一些调整。比如，本纪中加入了并非帝王的项羽和吕后，因为此二人虽非帝王，但历史影响胜过帝王。在世家中，司马迁加入了孔子和陈胜两个非诸侯王的历史人物，以肯定二人的历史地位。另外，在对汉武帝的记载中，司马迁并未因其是当权者，就阿谀奉承，而是做到了秉笔直书，客观评价。也正是因为秉笔直书，《史记》在司马迁有生之年里没有机会面世。直到汉宣帝时，这部史书才与世人见面。

与后世的官修史书大不相同，《史记》是史官私人著史，保持了观点的独立性。另外，这部作品还有极高的文学价值，文采斐然。鲁迅评价《史记》是"史家之绝唱，无韵之《离骚》"。要知道，这样一部伟大的历史著作，是在司马迁遭受了严重身心摧残之后完成的，着实让人敬佩。作为史官，司马迁的独立精神永昭日月。不像后世有些史官，虽然身体完好，但独立精神早已被阉割了。

王迹所兴，原始察终，见盛观衰，论考之行事，略推三代，录秦汉，上记轩辕，下至于兹，著十二本纪，既科条之矣。

并时异世，年差不明，作十表。

礼乐损益，律历改易，兵权山川鬼神，天人之际，承敝通变，作八书。

二十八宿环北辰，三十辐共一毂，运行无穷，辅拂股肱之臣配焉，忠信行道，以奉主上，作三十世家。

扶义俶傥，不令己失时，立功名于天下，作七十列传。

《史记》包括本纪12卷、世家30卷、列传70卷、表10卷、书8卷，共130卷

49

经学兴起累世家
华佗编创五禽戏

两汉的文化与科技

两汉的思想史发展，以经学兴起为特征。所谓经学，就是对儒家经典的研究之学。儒家经典的核心是五经，即《诗》《书》《礼》《易》《春秋》。本来是有六经的，但《乐》失传了。从汉武帝独尊儒术开始，五经就成了学术研究的核心。就像今天的语、数、外三门主科一样，是必修科目。

汉朝的最高学府是太学，太学里设有五经博士，类似今天的大学教授。每个博士专教一经，带有若干博士弟子，相当于今天教授带研究生。汉武帝时，博士弟子共有50人。到汉末时，扩招到了上万人，俨然一所现代大学。博士弟子学习一段时间后，可参加"设科射策"考试。设科就是按题目难易程度分为甲、乙两科，王莽时一度改为甲乙丙三科；"射"有射覆之意，即猜测覆盖之物，也就是射策者（考生）随机选取考题作答。最后，根据考试成绩，按科录取，朝廷授予其不同级别的官职。

经学在两汉的地位很神圣，历史影响很大。首先，五经被推崇为国家的根本学问，治国理政都要从中找依据。西汉末年，社会矛盾丛生，儒生们一心从经学中寻找治国良方，企图按照五经的描绘重建一个理想世界，王莽的"复古改制"应运而生。其次，经学又分为古文经和今文经两派，两派长期争论，深刻影响了两汉的思想与政治。由于秦始皇焚书和秦末战火，大部分经书被毁。西汉建立后，人们将口耳相传的经书内容抄写下来，称为"今文经"。后来，又有一些幸免毁坏的先秦经书被陆续发现，皆是用先秦文字书写的，故而称"古文经"。今文经和古文经的争论，不仅在于经书内容的差异，更在于价值取向的区别。今文经总想以经学影响政治，时常穿凿附会。比如对孔子的认知，今文经宣扬孔子是先王下凡，是上天派下来给后世立法的。古文经则比较理性，认为孔子只是一个先师，五经只是先人智慧的结晶，后人研究和传承就行了。相比而言，古文经的学术态度更为单纯，今文经则将学术政治化。最后，世家大族对经学进行累世研究，经学世家逐渐成为一股政治势力。在造纸术和印刷术没有普及的时代，书籍很贵。许多豪强世家凭借财力大量藏书，专注研究经学。经常是一个家族世代研究一门经，如汝南袁氏，世代钻研《易经》，凭此世代做官。到袁绍时，袁家已经有四代人做到"三公"这一级别，人称"四世三公"。渐渐地，最初的豪强世家成为经学世家，进而又成为官僚世家，实现了经济、文化、政治三位一体的垄断。这导致了魏晋时期士族门阀政治的形成。

除了经学的发展，两汉文化另一个显著特点是佛教与道教的出现。佛教虽是西域传来的外来宗教，但在我国扎根后开始逐步发展，南北朝时兴盛，对我国社会与文化的各方面都产生了深刻影响。道教是创立于我国的本土宗教，其教义实际上是黄老学说中的部分概念，又杂糅了部分民间巫术和神仙方术思想。虽是本土宗教，但道教的思想维度较低，其长生不老理念也容易被现实击穿。因而，道教在我国的生命力远不如外来的佛教。

两汉的科技方面，代表性的是蔡伦改进了造纸术，对人类文明做出重大的贡献。两汉时期还有一个被后世低估的发明，那就是二十四节气。古人计算日期的历法，多以天象的变化周期作为参照。月亮阴晴圆缺的一个变化周期是一个月，以此为基础的历法叫作阴历。太阳春、夏、秋、冬的一个变化周期是一年，以此为基础的历法叫作阳历。人类早期文明多采用阴历，因为月亮比较容易观测，30天左右就可以完成一轮观测。可是，阴历不能准确表达气候的变化，这个缺点对中国这样的农耕文明来说很不友好。为此，中国古人将太阳的一个变化周期划分成24段，每一段称为一个节气，这便发明了二十四节气。汉武帝时的《太初历》，正式将二十四节气订入历法。每个节气都有和时令相呼应的名字，非常形象。比如小暑，不算太热；大暑，就热得不得了。二十四节气最伟大的意义，在于精准地指导农耕。比如"清明忙种麦，谷雨种大田"，农民一听节气，便知道该干什么农活了。

东汉末年，社会动荡，自然灾害频发，导致疫病大规模流行。这催生出了许多名医，集大成者是东汉末年的张仲景和华佗。张仲景是中医临床理论体系的开创者，著有《伤寒杂病论》，被后世称为"医圣"。华佗更厉害，不仅擅长用针灸和汤药，还能做外科手术。他发明了麻药——"麻沸散"，病人服用后失去知觉，然后可开刀做手术。华佗在后世被称为神医。但关于华佗的诸多记载，我们还是要理性看待那些有夸张和神化的成分，比如外科手术，当时既没有无菌环境，也没有抗生素，病人是很可能因感染而死亡的。华佗还编创了强身健体的五禽戏，模仿5种动物做舒展动作。这倒是有可能，通过体育锻炼来促进人体的健康，这在古代就已经受到了重视。

史书上还有许多两汉科技成就的记载，但有些记载过于离奇，也无法通过我们今天现代科学的验证。

五禽戏：虎戏、熊戏、鹿戏、猿戏、鹤戏

三国两晋南北朝篇

本篇讲述三国两晋南北朝时期的历史,时间跨度近400年。

东汉灭亡后,魏、蜀、吴三国鼎立。三国末期,司马氏篡魏,建立了西晋。不久,三家归晋,实现了统一。可是西晋的统一质量较低,没多久就出现了全面动乱——八王之乱,这给北方少数民族以可乘之机。随后,匈奴、鲜卑、羯、氐、羌等少数民族内迁,西晋在混战中灭亡。西晋灭亡后,北方陷入了"五胡十六国"的大分裂局面。

与此同时,西晋皇族司马睿在南方重建晋朝,史称东晋。东晋的建立,得益于以王导为首的士族阶层的支持。因此,东晋由皇帝与士族联合执政,士族门阀政治形成。东晋后来被大将刘裕篡权,南方先后出现了宋、齐、梁、陈4个政权,统称为南朝。东晋与南朝,虽然偏安南方,但社会相对稳定，江南地区得到了开发。

北方的分裂局面最终结束于鲜卑族的统一，北魏建立，北方进入了北朝时期。北魏孝文帝推行了全面的汉化改革，激起了鲜卑保守派的强烈反对。不久后，北魏分裂为东魏和西魏。尽管西魏的实力弱于东魏，但西魏较好地实现了民族交融，出现了胡汉融合的关陇集团。后来，西魏变为北周，东魏变为北齐。北周灭北齐后，关陇集团的杨坚篡权，建立了隋朝。不久后，隋朝灭陈，结束了南北分裂的局面。

三国两晋南北朝时期，是中华文明的青春期，既有政权对立的躁动，又有文化融合的成长，最终实现了民族大交融。

50

设州牧军阀割据
举孝廉乱世奸雄

曹操的崛起

三国时代,是国人关注度较高的一段历史。权谋与征战,江山与情义,刀光剑影,盛衰兴亡,满足了国人对历史的绮思。从历史分期看,三国正式开始于公元220年,曹丕称帝。然而,广义上的三国时代,从汉末军阀割据时就开始了。

东汉沿袭西汉的行政制度,地方上设郡县。为了监察郡县官员,东汉在郡县之上设置了13个州,每州设有一名刺史,代表中央监察州内各郡,但刺史没有管辖权。州在最初只是监察区,并非行政区。直到黄巾起义爆发后,汉灵帝给地方放权,把刺史改为州牧,总揽一州军政大权,州才成了地位在郡县之上的行政单位。黄巾起义被镇压之后,州牧乘势而起,他们拥兵自重,成了地方上的割据势力。三国时期的大军阀多是各州的州牧。如冀州牧袁绍、兖州牧曹操、豫州牧刘备。

汉灵帝的谥号为灵,意为"乱而不损"。他把汉朝彻底玩废了,自己却逃过了"亡国君主"之名,这的确很"灵"。东汉大厦将倾之际,汉灵帝及时驾崩了。随后,汉灵帝14岁的嫡长子刘辩(汉少帝)继位。刘辩的舅舅是大将军何进,他以外戚的身份掌权。何进想剿灭乱政的宦官势力,可屠户出身的他,没什么家族背景,总担心自己斗不过宦官,犹豫之时,手下袁绍给他出了个招——密调并州牧董卓进京支援。不料,这个计划走漏了风声。宦官先发制人,将何进斩杀于宫中。随后,袁绍带兵冲入宫中,屠尽宦官。就这样,在东汉专权百余年的外戚和宦官两大势力,在这场争斗中两败俱伤,东汉朝廷进入了权力真空状态。

恰在此时，董卓率军赶到，轻松地控制了朝政，瞬间"躺赢"。

董卓在西北凉州长大，经常和胡人打交道，好侠尚武，性格直率而粗暴。他进京后就废掉了刘辩，改立汉灵帝次子刘协为帝，也就是汉献帝。董卓好用刑法立威，手段极其残忍。他曾将政敌的尸体挖出来肢解，还纵容士兵劫掠京中富户，汉灵帝的陵墓也被他盗掘。董卓的倒行逆施引来各地军阀的讨伐，他们组成联军，共推袁绍为盟主。可是联军心怀各异，并未成功消灭董卓。最后，司徒王允巧用离间计，使董卓死于其手下吕布之手。董卓死后，其部将展开混战，各地军阀也趁机攻城略地，东汉彻底陷入了军阀混战中。乱局之中，一个叫曹操的军阀坐大。

曹操的祖父是大宦官曹腾。不同于其他乱政的宦官，曹腾为人很谦逊，侍奉过四代皇帝，对汉桓帝还有拥立之功，获封为侯。实际上，曹腾和曹操并没有血缘关系。曹操的父亲曹嵩，是曹腾的养子，因而承袭了爵位。后来，曹腾买官当了太尉。到曹操这一辈，已经是"阉三代"。在重视门第的东汉，曹操的身份很受鄙夷与嘲笑。然而，曹操还真不是依靠宦官一党上位的；相反，他还很反感宦官势力。曹操20岁时，通过举孝廉步入仕途，担任洛阳北部尉。他执法严明，不畏权势。大宦官蹇硕的叔父违禁夜行，半夜出门晃荡，被曹操按律棒杀。黄巾起义爆发后，曹操领兵镇压起义者，立下了军功。董卓之乱时，曹操散尽家财，在陈留招募了五千兵马，起兵讨伐董卓。董卓死后，曹操出任兖州牧。在这里，他击败了青州的黄巾军残余势力，收获降卒30余万，将其精锐者编入自己军中。凭借"青州兵"，曹操迅速崛起，成为中原最强劲的军阀之一。

东汉的清议喜好品评人物，名士许劭品评曹操是"治世之能臣，乱世之奸雄"。能臣与奸雄的区别，在于对君王尽忠与否。汉末乱世，皇帝昏聩，宦官当权，如此腐败的朝政，能臣并无用武之地。曹操想要实现政治抱负，只能做奸雄。不得不说，在治国理政方面，奸雄曹操还真是一把好手。起兵后，他做了两个关键性决策，堪称英明：一是经济上实行屯田，二是政治上迎接汉献帝。

对中国这样的农耕文明国家来说，兴衰的关键在于农业生产能否得到保障。东汉末期，由于土地兼并和战乱，许多农民沦为"流民"，他们四处迁徙，无法安心进行农业生产。各地军阀还会劫民养军，使得农民更是无心务农。如何恢复农业生产，如何让农民安于土地，这是军阀安身立命的关键。曹操看到了问题的本质，为此创立了屯田制度。屯田分为军屯和民屯。军屯，是将非主力部队改编为生产建设兵团，战时打仗，闲时种地；民屯，是招募流民种地，政府给他们土地和物资，还予以军事保护。民屯的农民收获后，与政府四六分成。相比之下，民屯的功效更大。屯田制实行后，大量流民前来投奔曹操，为曹操逐鹿中原打下了坚实的经济基础。就在推行屯田的同一年（公元196年），曹操还将四处辗转的汉献帝迎接到了自己的大本营——许（在今河南许昌东）。此时的汉献帝，如同一只流浪狗，无人尊重无人爱。其他军阀都不接纳汉献帝，担心皇帝掣肘，不好割据。曹操却反其道行之，将天子迎过来，非但不受其掣肘，还获得了"挟天子以令诸侯"的政治优势。与其他的军阀相比，曹操的政治远见高下立判。

就在"阉三代"曹操实现惊天"逆袭"之时，一个实力更雄厚的"官四代"军阀坐不住了。他就是曾经的反董卓联军盟主，如今的"北方一哥"——袁绍。一山不容二虎，"阉三代"和"官四代"的厮杀在所难免。

曹操迎天子、实行屯田制

51

官渡之战定北方
中年男人心慌慌

官渡之战

黄巾之乱后，地方上的军阀乘势而起，东汉陷入军阀割据之乱。在混战中，曹操成了最闪耀的新星。曹操的闪耀，却让北方最大的军阀极度不爽，他就是占有青、冀、幽、并四州的袁绍。

袁绍出身世家大族汝南袁氏，是根红苗正的"官四代"。到他这一辈，袁家四代人都官至三公，人称"四世三公"。与曹操遭到鄙夷的"阉三代"身份不同，袁绍世家大族的身份让他在士大夫集团中赢得了很高的呼声。汉桓帝死后，袁绍出任司隶校尉。这个官职负责监察京畿地区，相当重要。袁绍虽是大将军何进的属下，但他有更大的野心。为了实现自己的政治抱负，袁绍给何进出了很多损招，一手导演了汉末的政治乱局。

东汉后期宦官与外戚交替专权，实际上是皇权政治搞出来的恐怖平衡。因为这两个势力都依附于皇权，相比外朝官员更为可靠。只要二者的势力平衡，不仅可以为皇权服务，还可以制衡外朝官员和他们身后的世家大族。袁绍想要操控时局，就得想办法让外戚和宦官斗得两败俱伤，自己才能坐收渔翁之利。为此，袁绍拼命地怂恿何进诛灭宦官集团，还出了让董卓入京的损招。实际上，袁绍凭借自己的兵力就可以剿灭宦官，后来他也做到了这一点；他招董卓进京，是想引狼入室，彻底把政局的水搅浑。事情后来的走向，基本上是按照袁绍的计划发展的。袁绍也如愿在乱局中崛起，成了北方最大的军阀。此外，袁绍还想一统天下，实现他的皇帝美梦。

袁绍是个英才般的伪君子，可他遇到了天才般的真奸雄。曹操崛起之后，成了袁绍最大的敌人。公元200年，双方爆发了大战。袁绍出兵10万，战马万匹，有压倒性优势。曹操虽然只有一两万人迎战，但他认为袁绍"志大而智小"，不足为惧。开战后，曹操展现了高超的军事才能，他声东击西，屡发奇袭，将袁绍的10万大军阻扼在官渡达半年之久。僵持之际，袁绍的谋士许攸叛曹，告之袁军屯粮地在乌巢。随即，曹操率精兵偷袭乌巢，烧毁袁军粮草。袁军军心大乱，全面溃败，最后袁绍只带着800名残兵逃回了冀州。"四世三公"的袁绍，败给了宦官之后的曹操，内心相当憋屈。不久后，袁绍病死，霸业灰飞烟灭。三国大幕的开启者，就这样消逝在了历史的烟云中。

官渡之战是历史上著名的以少胜多的战役，奠定了曹操统一北方的基础。随后，曹操陆续消灭了北方其他军阀，还亲率大军北征乌桓，击败了这支属于东胡的游牧民族，解除了后顾之忧。征讨乌桓后凯旋的路上，曹操路过碣石山，写下了著名的《观沧海》一诗。这首诗气势磅礴，借景抒情，表达了曹操一揽天下的豪迈与自信。此时的曹操，的确春风得意。统一了北方，就等于统一了大半个天下。在曹操眼里，南方的军阀都是"弱鸡"，击败他们只是时间问题。当时的南方，有四大主要军阀：坐拥富庶的江东吴地的孙权；占有荆州这一重要战略位置的刘表；掌握着天府之国益州的刘璋；还有一个刘备，虽然他一直东奔西走，寄人篱下，但他却是曹操当年最看好的"潜力股"。

刘备自称是汉朝宗室，乃汉景帝之子中山靖王刘胜的后代。而且刘备还"后"得有点远，按《三国演义》的说法，刘备是汉景帝的第十八代孙。如果按照刘家每代人都有两个儿子存活来计算，像刘备这样的后裔，汉景帝大概会有20多万个。另外，中山靖王刘胜还很能生，在世时就已经有120多个儿子。刘备自称是他的后人，还真的查无实证。刘备是宗室的远支，享受不到任何宗室待遇，年轻时以卖草鞋为生。黄巾起义后，刘备也和当年的汉光武帝一样，利用自己的宗室身份，拉起了一支"杂牌军"。刘备还有两个共同创业的搭档，一个是卖水果的关羽，一个是杀猪的张飞。三人在农贸市场结识，结拜为兄弟，相约共扶汉室。

但刘备打天下的速度很慢,他先后依附过公孙瓒、曹操、袁绍等多位军阀。官渡之战后,公元208年,他又投靠了荆州的刘表。此时的刘备,已经47岁,却还没有自己的地盘。就像当下还没买房子的中年人一样,内心充满焦虑。直到遇见了军师诸葛亮,刘备的帝王人生才算挂上了挡。

诸葛亮是三国故事里最传奇的人物,不仅料事如神,还能呼风唤雨。显然,会让人有这种印象,是拜罗贯中的小说《三国演义》所赐。真实的诸葛亮,虽然没有那么神奇,但也有两把刷子,尤其是他绝佳的局势预判能力,堪称高瞻远瞩。刘备三顾茅庐,诸葛亮给他分析天下大势,为其量身制定了"三步走发展战略",这便是著名的隆中对。第一步,联吴抗曹,阻挡曹操独霸天下;第二步,占据荆、益二州,作为自己的割据地;第三步,实力壮大后北伐中原,夺取天下,匡扶汉室。诸葛亮的"三步走战略",犹如暗夜中的一团火焰,不仅照亮了刘备的奋斗之路,也温暖了这个中年男人的心。

听了诸葛亮的"神仙指路",刘备豁然开朗,仿佛看到了自己君临天下的模样,心里乐开了花。中年男人的快乐,有时候就是这样简单;而中年男人的崩溃,有时候也就在一瞬间。刘备刚看到了希望,就传来了一个坏消息——曹操亲率20万大军南伐,荆州刘表病死,刘表的儿子要投降了。

官渡之战后，曹操统一北方；诸葛亮出山，联吴抗曹局势初现

52

战赤壁三分天下
笼士族九品中正

三国鼎立

公元208年，曹操亲率大军南下，准备消灭南方的割据势力，一统天下。曹军先拿战略要地荆州开刀，荆州守军不战而降。刘备此时正驻守在附近的樊城，闻讯后立即撤退。曹操日夜追击，在长坂坡击溃了刘备。随后，刘备又逃往夏口。他赶紧派诸葛亮去柴桑（在今江西九江西南）见孙权，游说其联合抗曹。

曹操拿下荆州，没费一兵一卒，士气大增。他顺江而下，准备一鼓作气拿下孙吴。曹操给孙权写了封恐吓信，吹嘘自己带了80万大军，要与孙权"会猎于吴"。孙吴群臣有些慌了，甚至有人主张投降。诸葛亮到访后，立即为孙权分析了当下局势，这是他最拿手的。诸葛亮指出，曹操虽然有兵力上的优势，但也有三大软肋：首先，曹军多是北方人，不善水战，还会水土不服；其次，曹操刚刚占领荆州，人心并不稳；另外，西北的军阀马超是曹操的心腹大患。因为诸葛亮的游说及手下周瑜、鲁肃的支持，孙权最终决定与刘备联合，共抗曹操。

曹操的80万大军也是吹嘘的，真正投入战争的只有20多万。孙、刘组成的联军有5万人，与曹操在赤壁对峙。双方隔着长江，曹军在西岸，联军在东岸。一时间，赤壁列船无数，场面甚是壮观。正如诸葛亮分析的，曹军都是旱鸭子，不习惯船上的颠簸；再加上水土不服，一个个上吐下泻。曹操下令将战船首尾相连，用锁链捆住，连接处铺上木板。这样，船就稳了，人马于船上如履平地。吴将黄盖看出了曹军的破绽，向联军统帅周瑜献计火攻。随后，黄盖诈降，率满载干草膏油的快船，冲

赤壁之战后,三国鼎立的时代正式开启

向曹船后点燃。曹军的船连接在一起，一时很难散开。恰好此时东南风大作，借着风势，大火从船上蔓延至曹军陆地兵营。顷刻间，浓烟滚滚，喊声震天，曹军烧死者、踩死者、战死者不计其数。最后，曹操败退北逃。赤壁之战，孙刘联军以少胜多，奠定了三国鼎立局面形成的基础。

赤壁之战后，曹操搁置了统一天下的计划，转而加强对北方的经营。孙权则稳定了江东，战后还扩大了地盘。收获最大的是刘备，他趁机占据荆州，随后又进军益州，实现了诸葛亮"三步走战略"的第二步。此时，三国鼎立的局面已经明朗，但曹操并没有废掉汉献帝，依旧保留着这个吉祥物。后世学者说曹操这是"把皇袍当内衣来穿"。孙权曾上表劝曹操称帝，被曹操骂道："这孙子是想把我放在炉火上烤！"[1]直到曹操死后，他的儿子曹丕终于坐不住了，他逼迫汉献帝禅位，于公元220年建立了魏，彻底终结了汉朝。次年，刘备也在成都登基称帝，刘备继续使用汉朝国号，因其都城在蜀地，后世称之为"蜀汉"。同年，孙权称吴王，到了公元229年时称帝。就这样，三国鼎立的局面正式形成。

受《三国演义》"尊刘贬曹"思想的影响，后世民间多以为蜀国实力很强，差一点就能北定中原。可是在真实历史中，蜀国是三国中最弱的。根据《三国志》的统计，魏国的户籍数是103万户，吴国52.3万户，蜀国则只有28万户[2]，可见三国的实力差距。从三国时期流传下来的货币上也可窥一二，魏国制钱分量足，吴、蜀两国的钱严重缩水，与铸造面值相差很大。这是因为吴、蜀两国缺钱，便在铸币时缺斤短两，割民众"韭菜"。

虽然三国割据自立，但内部相对统一，各自的发展模式也是可圈可

---

[1] 是儿欲踞吾著炉火上邪！（《三国志·魏书·武帝纪》）
[2] 这个数字只是官府掌握的户籍人口数，并非实际人口数。在当时，有五类人口不纳入户籍：依附于世家大族的荫户、屯田制的屯户、为官府服务的军户与吏户，还有少数民族人口。不纳入户籍的人口数可能远多于户籍人口数。根据近来学者推算，三国后期的实际总人口数，应该在1500万以上。

点。魏国重视农业生产，继续推行屯田，大力兴修水利，集中力量重建北方经济，谋求以国力碾压蜀国和吴国。为了笼络世家大族，曹魏创立了名为"九品中正制"的选官制度。朝廷选"中正"官，将地方上的士人评定为9个品级，再根据品级授官。评定标准兼顾家世、德行、才能，但决定性的因素还是家世。九品中正制下，世家大族垄断了高级官职，社会地位极高。慢慢地，世家大族固化为贵族阶层，进而发展成为士族。士族主导了中国的政治近400年，直到隋唐时期九品中正制被废除。

刘备死后，后主刘禅继位，诸葛亮主政。虽然蜀国拥有"天府之国"成都，但南面的云贵地区生活着少数民族西南夷。西南夷时常叛乱，这让蜀汉政权很头疼。诸葛亮治理西南夷采用军事进攻与心理招抚并举的方式，以"攻心为上"。西南夷有个首领叫孟获，诸葛亮出兵将他俘获，而后又赦免，还授予他官职，最终赢得西南夷的真心归附。这件事被后世改编为"七擒孟获"的故事，虽然思想内核相似，但七擒之事多半是虚构的。诸葛亮曾数次北伐中原，但收效甚微。蜀汉本来实力就弱，还要经常出征，这给民众带来了很大负担。诸葛亮治理下的蜀汉，刑罚和政令相当严苛，百姓生活比较困苦。蜀汉存在的40余年里，国家的人口数量几乎没有增加。真实的蜀汉和诸葛亮，和小说中的高大形象相差较大。

吴国是江东的坐地户，全心全意地发展本地经济，促进了南方经济的开发。吴国河流众多，造船业也很发达，对外交往比较活跃。吴国使者曾出访林邑和扶南，大致在今天的越南、柬埔寨等地区。公元230年，吴国万人船队到达了一个叫"夷洲"的地方，就是今天的台湾，这是大陆和台湾有联系的最早记载。

从汉末的群雄混战，到后来的三国鼎立，军阀越打越少，历史在分裂中孕育着统一。经过几十年的发展，到三国后期，曹魏的国力已经完全碾压吴、蜀，统一又只是时间问题了。

53

西晋统一质量低
羊车选妃兴致高

西晋的建立

相传,曹操做过一个怪梦,梦见三匹马同在一个槽里进食。曹操死后,这个怪梦应验了。司马氏吃了曹(槽)家江山,篡权建立了西晋。而曹操梦中的"三匹马",乃是司马懿和他的两个儿子。

曹魏时代,由于九品中正制的推行,高级官职逐渐被世家大族垄断。这些形成于汉朝的世家大族,逐渐升级成为士族门阀。他们享有特权,垄断仕途,主导了魏晋南北朝时期特有的门阀政治。门阀政治下,无论谁在皇帝宝座上,都必须获得士族门阀的支持,否则江山就坐不稳。司马氏就是士族,而且是势力很大的河南士族,是曹魏政权必须拉拢的实力派。早在曹操时代,司马懿就出仕为官。曹操看他走路时眯着眼、左右环顾,说他这是"狼顾之相",是谨慎多疑的表现,因此还告诫儿子曹丕今后提防司马懿。曹丕称帝后,继续重用司马懿。曹丕之后是魏明帝,魏明帝死后,年幼的曹芳继位。司马懿以太尉之职,与宗室大臣曹爽共同辅政。代表宗室势力的曹爽,对司马懿处处压制。为了暂避锋芒,司马懿称病,天天在家"躺尸"。曹爽以为年近七旬的司马懿真的要不久于人世了,就放松了警惕。公元249年正月,曹爽陪同皇帝去祭扫魏明帝的高平陵。司马懿突然发动政变,关闭城门,控制了京师。最后,曹爽全家被诛杀,司马懿彻底控制了曹魏政权。

司马懿死后,两个儿子司马师和司马昭先后主政曹魏。此时的曹魏,已经对吴、蜀形成压倒性的优势。公元263年,曹魏大军兵临成都,后主刘禅出城投降,蜀汉灭亡。司马昭死后,其子司马炎上台,再次上

三马（司马懿、司马师、司马昭）同槽（曹）

演了禅让制的戏码。他在公元266年受禅称帝，结束了曹魏，建立了晋朝，史称西晋，司马炎就是晋武帝。公元280年，西晋灭吴。至此，三家归晋，自汉末以来近100年的国家分裂状态结束了。晋武帝对"失业"的同行很是照顾，西晋都城洛阳，俨然"亡国之君俱乐部"。魏元帝曹奂、蜀后主刘禅、吴后主孙皓，都生活在这里。他们每日歌舞升平，刘禅甚至"嗨"得乐不思蜀。

虽然西晋实现了统一，但对皇权政治而言，这是一种"低质量的统一"。司马氏能够篡权成功，关键在于士族的支持。实际上，司马家族本身就是士族的一员，只是实力和运气更强一点，因而夺得了皇帝的名号。西晋政权的实质，是司马氏与其他士族联合执政。在士族门阀政治下，政权就像一个股份制公司。皇帝是董事长，士族都是大股东。董事长必须得到大股东的支持，才能维持公司稳定。所以，晋朝皇帝的权威并没有秦汉皇帝的那么高。史书记载了这样一个故事，晋武帝一次南郊祭天，祭礼完成后，他踌躇满志地问近臣刘毅："爱卿觉得我和汉朝哪个皇帝可以相比？"刘毅偏不迎合晋武帝，他冷冷地回答道："可与桓、灵二帝相比。"晋武帝有点蒙，反问道："我虽不及古代贤德，但我能尽力克制私欲，专心理政。何况我还平定了吴郡、会稽之地，统一了天下。再不济，我也比桓、灵二帝强吧？"刘毅继续"补刀"："桓、灵卖官，钱入官库；陛下卖官，钱入自己腰包。由此说来，陛下还不如他俩呢！"万人之上的皇帝被臣下说成这样，可见皇帝的权威并非一直至高无上，不容侵犯。晋武帝为了给自己找台阶下，又笑嘻嘻地说道："桓、灵二帝在位时，听不到臣下说这样正直的话，如今有敢于直言的臣子，说明我还是比他俩强的！"①这个回答虽然机智，却也凸显了皇权地位的尴尬。面对士族门阀的强势，晋武帝也力图改变这种局面。为了提升司马宗室的势力，他先后封了27个宗室为王。这些诸侯不

---

① 帝尝南郊，礼毕，喟然问毅曰："卿以朕方汉何帝也？"对曰："可方桓、灵。"帝曰："吾虽德不及古人，犹克己为政。又平吴会，混一天下。方之桓、灵，其已甚乎！"对曰："桓、灵卖官，钱入官库；陛下卖官，钱入私门。以此言之，殆不如也。"帝大笑曰："桓灵之世，不闻此言。今有直臣，故不同也。"（《晋书·刘毅传》）

仅手握军队，还能直接参与朝政。

西晋"低质量统一"的另一个表现，是统治阶层迅速腐化。晋武帝出身豪门，帝业恩荫于祖上，没有品尝过建国的艰辛，很容易滋生"骄泰之心"。灭吴之后，晋武帝接收了吴国后宫数千江南女子，又从民间海选大量嫔妃，这导致后宫女子多至过万。女人太多了，晋武帝发愁该如何选择。后来，他"脑洞大开"地发明了一个"羊车选妃"的法子。就是坐在羊拉的小车上，让羊在后宫里闲逛，羊车停在哪里，晚上就临幸哪里。后宫女子"望羊兴叹"，为了争宠，纷纷在寝宫门口放上新鲜竹叶，又往上面洒上盐水，因为羊喜欢这个味道。论后宫玩耍的情趣与技巧，晋武帝堪称创新型人才。

上梁不正下梁歪，皇帝花式享乐，统治集团也奢靡成风。晋武帝的舅舅王恺，特别喜欢炫富。后来，另一个爱炫富的士族人士石崇搬到了洛阳，二人棋逢对手，展开了令人咋舌的斗富。王恺家用麦糖洗锅，石崇家把白蜡当柴火烧。王恺家门前有40里紫丝编织成的步障，石崇就用更贵重的织锦铺设了50里步障。王恺感觉自己被比下去了，就找晋武帝帮忙，晋武帝把宫藏的一株两尺多高的珊瑚树赐给了王恺，让他拿去充脸面。石崇见到后，轻蔑地冷笑，用一支铁如意将珊瑚树敲得粉碎。王恺急了，石崇却很淡定，说："别急，我赔给您就是了。"不一会儿，石崇的下人就从家里搬来了几十株珊瑚树，让王恺挑选。光是三四尺高的，就有六七株。王、石二人斗富，王恺完败。

士族当权、皇帝享乐、权贵斗富，西晋王朝到处充斥着腐朽的味道。这还不算什么，等晋武帝死后，更刺激的事来了——西晋竟然出了个傻子皇帝！

54

傻皇帝八王之乱
亡西晋五胡乱华

八王之乱

　　民间有个说法：如果父母太过优秀，就会耗尽子女的运气。子女要么天生愚笨，要么命运不济。虽然这个说法有点迷信，但对晋武帝和他的儿子司马衷来说，还果真应验了。

　　司马衷生下来就是一个傻子，智力严重低下。有一次，司马衷在后宫花园里听见蛤蟆叫，随即就问身边的随从："这蛤蟆是为公家叫，还是为私家叫？"随从们被这个问题问蒙了，为了哄他，顺口回答："这蛤蟆在公家的地盘上叫，那就是为公家叫的。"[1]司马衷听后深信不疑，十分开心。人虽然傻，但司马衷生得好。晋武帝的嫡长子夭折，司马衷是嫡次子，9岁时就被立为太子。随着司马衷渐渐长大，晋武帝也发现这孩子的智商有点异于常人。这样的太子，今后能当皇帝吗？晋武帝心里也嘀咕。为了测试司马衷的智商，晋武帝出了一些测试题，让司马衷作答。司马衷的太子妃名叫贾南风，是权臣贾充的女儿，颇有心机。她看公公送来了测试题，立即认识到了事态的严重性，她赶紧找来外援。可是外援写的答案引经据典，明显不是凭太子的智商能写出来的。聪明的贾南风又将答案换成类似太子风格的幼稚语言，又让太子亲自抄写。晋武帝一看卷面歪歪扭扭的字体，就知道是太子作答的；再看内容和文笔，更加深信不疑。细细读后，晋武帝认为文笔虽然稚嫩，但内容倒也

---

[1] 帝（晋惠帝）又尝在华园，闻虾蟆声，谓左右曰："在此鸣者，为官乎，私乎？"或对曰："在官地为官。"（《晋书·惠帝纪》）

没什么毛病，基本符合逻辑。晋武帝很高兴，他相信太子并不傻，只是反应慢而已。就这样，傻太子的位置保住了。

公元290年，晋武帝驾崩，32岁的司马衷继位，是为晋惠帝。傻子皇帝趣事多。有一年，民间发生大饥荒，接到奏报后，司马衷竟然天真地问道："民众没有饭吃，那为什么不喝肉粥呢？"[①]皇帝虽傻，但架不住皇后精明，贾南风的春天来了。当时，外戚杨骏专权，与贾南风产生了矛盾。深思熟虑后，贾南风使出了借力打力的大招。前面说过，晋武帝为了制衡士族门阀，曾大封司马氏为诸侯。诸侯手中握有军队，权势很大。杨骏的专权也引起了诸侯的不满，贾南风便下密诏让楚王司马玮领兵进京，以谋反的罪名诛灭了杨骏三族。杨骏被杀后，汝南王司马亮与元老大臣共同执掌朝政。紧接着，贾南风又下密诏让司马玮领兵杀了司马亮。随后，贾南风又诬陷司马玮矫诏，将司马玮也处死了。就这样，不费一兵一卒，贾南风干掉了全部竞争对手，独揽大权。

贾南风当权后，有一件事一直耿耿于怀，就是她不能生孩子。更让她受不了的是，晋惠帝的庶子司马遹被立为太子。司马遹自幼聪慧可爱，当年很受祖父晋武帝的喜爱。武帝之所以传位给司马衷，可能也是希望孙子今后能继位。太子不是自己所生，贾南风担心他继位后，自己会失势，就废掉了太子，并将其杀害。贾南风杀害太子，赵王司马伦以此为由发动政变，废掉了贾南风。后来，司马伦还废掉了晋惠帝，自己篡位当起了皇帝。司马伦废帝自立，刺激了其他诸侯王：既然皇位可以抢，那我们也抢！就这样，又有多个诸侯王加入权力争夺中，西晋王朝彻底乱了套。最后，东海王司马越获得了胜利，控制了朝政。从诛杀杨骏到东海王获胜，16年间，西晋先后有8个诸侯王参与了这场宗室混战，史称"八王之乱"。八王之乱不仅让宗室内部自相残杀，也给民众带来了无尽的苦难。再加上那几年自然灾害频发，许多活不下去的农民开始起义。在西晋王朝内乱频仍之际，北方少数民族乘虚而入。紧随八王之乱的，是"五胡乱华"的纷乱。

---

① 天下荒乱，百姓饿死，帝曰："何不食肉糜？"（《晋书·魏帝纪》）

贾南风操弄朝堂，一手造就"八王之乱"

五胡，是指匈奴、鲜卑、羯、氐、羌①这5个少数民族。他们原本生活在北方边塞以外，东汉以来，他们不断内迁。首先是东汉初期，汉光武帝为了缓和民族矛盾，同时也是为了加强管控，实行了少数民族内迁政策，允许他们迁居到长城以内；其次是东汉末年以来，长期的战乱导致中原的人口骤减，为了补充劳动力和兵源，统治者继续允许少数民族内迁。另外，汉末以来的气候变化也加速了内迁的进程。当时，中国正处于小冰河时期，年平均气温比现在要低1℃～2℃，淮河冬天时都会结冰。五胡多是逐水草而居，为了追求温暖湿润的牧场和生活之地，他们加速了南迁步伐。就这样，五胡持续内迁了200多年，使我国的民族分布情况发生了重大变化。以前是汉人在中原，少数民族在周边，是为"内诸夏而外夷狄"的格局。到了西晋时期，变成了"西北诸郡，皆为戎居"和"关中居人，戎、狄居半"的混合杂居状态。少数民族内迁后一直在汉化，许多人的生活方式和文化水平与汉人无异，但他们的社会地位并未提高，长期受到汉族统治者的压迫。在战乱时期，胡人经常被掳掠贩卖。即便是石勒这样的羯族头目，也曾被当作奴隶贩卖。贩卖时，每两个奴隶套在一个枷锁上，奴隶们饱受饥饿与毒打，如同牲畜一般。八王之乱后，西晋王朝彻底失控。常年遭受压迫的胡人，终于找到了"翻身奴隶把歌唱"的机会。他们组成军队，对汉人展开了报复性的进攻与屠杀。

　　公元316年，五胡中的匈奴攻破了长安，俘获了晋愍帝，西晋灭亡。就这样，篡位而建的"低质量统一王朝"——西晋，坏在傻子当国，栽在八王之乱，亡于五胡乱华。

---

① 这一说法较早出现于南宋洪迈的《容斋随笔》一书，后来，元朝的胡三省为《资治通鉴》做注，将"五胡"定义为匈奴、鲜卑、羯、氐、羌这5个少数民族，这个定义被后世广泛接受。

55

东晋立国王与马
门阀政治到江东

东晋的建立

　　炫富，是当今社会常见的一种行为。用心理学来分析，炫富行为多是内心不自信的表现。在西晋末年，宗室司马睿镇守江东。由于在当地缺乏威望，为了找自信，大臣王导为司马睿策划了一场炫富表演。这场炫富表演之后，司马睿在江东树立了权威，借此开创东晋王朝。

　　司马睿出身西晋宗室的旁支，他的爷爷是司马懿的庶子，在西晋时期获封琅邪王。就在司马睿袭封琅邪王的同一年，他的堂兄司马衷即位，就是那个著名的傻子皇帝。随之而来的，是贾后乱政和八王之乱。与其他诸侯王相比，司马睿实力较弱，所以他一直避免卷入争斗。在司马睿的封国琅邪国，有个王氏家族，是当地最显赫的士族，人称"琅邪王氏"。琅邪王氏的王导，与司马睿同岁，二人性格、脾气很对撇子（方言，指非常合得来），因而成了挚友。王导很有政治远见，他见诸侯们争斗不休，又看内迁胡人蠢蠢欲动，料定了北方迟早会陷入大动乱中。因此，他劝说司马睿尽快离开首都洛阳这个是非之地。琅邪国的南面是东海国，司马睿和东海王司马越关系密切。八王之乱中，司马越获得胜利，司马睿政治站队成功。因此，司马睿向司马越请求去镇守江东。司马越此时也想在江东开辟分基地，便批准了司马睿的请求。公元307年，司马睿携王导渡过长江，移镇江东的建邺（在今南京）。

　　长江自芜湖到南京一段，流向为自西南向东北，此段以东的地区称为江东，也称"江左"①。三国时期，江东是吴国的核心地盘，孙吴的都城就设在建邺（孙吴时称"建业"）。司马睿移镇建邺时，距孙吴灭亡仅20多年。江东人视西晋如同曹魏，视之为外来政权。司马睿初到江东，当地士族根本不把他放在眼里。他抵达后的头一个月里，没有一个江东士族来拜访他。虽说强龙不压地头蛇，但地头蛇却把强龙当成了小蚯蚓。为了给司马睿找面子，也为了搞定江东士族，王导策划了一场"上巳节炫富事件"。

上巳节在农历三月第一个巳日，后来固定在了三月三日。这一天，江东民众会到水边沐浴，用兰草洗身，祈求消灾祛病，这一习俗称为"修禊"。沐浴之余，民众们还会顺便游览、购物、聚餐。慢慢地，上巳节发展成为江东民众的郊游小假期，非常热闹。在王导的策划下，公元308年的上巳节，司马睿成功登上了"江东新闻"的头条。这一天，司马睿衣着盛装，乘坐着豪华肩舆（轿子）出行。紧随其后的，是王导率领的北方士族，他们骑着高头大马，威风十足。再后面，是盛大的仪仗队伍，有足足半条街那么长。换到今天，相当于乘着对开门的劳斯莱斯，后面紧跟着数十辆悍马和考斯特，走到哪儿都会登上热榜的那种场面。司马睿穿街过巷，观者如织。江东士族讲究排场至上，看到这场面，他们全都折服了。司马睿趁热打铁，事后召见了江东士族代表，任命他们为官，与他们联姻，终于获得了当地人认可。

经过王导的不懈努力，司马睿在江东站稳了脚跟。在此期间，北方深陷五胡之乱的困扰中，大量北方士族与民众渡江南逃，江东成了中原人的避难所与新天地。公元316年，匈奴军队攻破长安，西晋灭亡。此时，司马睿已在江东经营了10年左右，成功为晋朝接盘。在王导与南北士族的拥戴下，司马睿于公元317年在江东重建晋廷，定都建康（即建邺，避讳晋愍帝司马邺而改名）。后世为了加以区分，称司马睿在江东开创的晋朝为东晋，称之前的晋朝为西晋。

---

① 古代风水讲究坐北朝南，《易经》也说"圣人南面而听天下，向明而治"。所以，古人的地理视角多是从北向南看，故而东面在左，西面在右，江东在古代又称"江左"。

司马睿并非皇族近支，也无过人的胆量与谋略。他能够登基称帝，可以说全靠以王导为首的南北方士族的支持，是士族门阀影响政治的结果。就像股份有限公司里的股东一样，士族在东晋朝廷拥有极高的话语权。整个魏晋时期，皇权都处于士族的影响之下。与秦汉时期的皇权至上不同，东晋政权是皇帝与士族联合执政，皇帝只是士族的话事人。这种类型的权力结构和特征，与欧洲中世纪时期的封建领主政治颇为相似。有日本学者因此认为：魏晋时代就是中国历史上的"中世纪"。不少国内外学者也认为魏晋时代是中国的封建时代，此种观点被称为"魏晋封建论"。

东晋的士族门阀政治，主要有三大特点。一是"皇帝垂拱"，即皇帝不掌握实权，是垂衣拱手的吉祥物而已。二是"士族当权"，即士族掌握军政大权。在登基大典上，司马睿甚至邀请王导共坐御床，时人称："王与马，共天下。"除了琅邪王氏，陈郡谢氏在东晋时期也很显赫，"旧时王谢堂前燕"说的就是王家与谢家。士族间盛行门第婚，靠政治联姻维护关系，利益与共。百年间，琅邪王氏出了8位皇后，而东晋一共才11位皇帝。东晋门阀政治的第三个特点是"流民御边"，江东原住民不愿当兵，时常隐匿人口，朝廷只好招募北方流民当兵。其中，最为精锐的部队是北府兵，因驻扎在建康北门户的京口（在今镇江）而得名。北府兵在后来的历史中扮演了极其重要的角色。

东晋一朝，偏安南方，既无百家争鸣之璀璨，也无天下一统之恢宏，着实有些平庸。然而，在五胡乱华之际，东晋能够给步履维艰的中华正统文明开辟"江东避难所"，使华夏衣冠得以延续，使中华文明得以喘息，也算是厥功至伟。由此而言，东晋可谓是"挪亚方舟王朝"。

王与马，共天下

56

续文明衣冠南渡
大开发南北平衡

东晋与南朝

　　东晋建立后，司马氏皇帝垂拱，士族门阀当政。建国功勋王导家族权势熏天，王导在内主政，其堂兄王敦在外掌兵，兄弟俩承包了朝政。司马睿试图削弱王氏兄弟，却激起了王敦的反叛。叛军一度攻陷建康，司马睿气愤地对王敦说："你若想要我这个位置，你就早点说，我可以回琅邪，何必让百姓受苦？"①尽管王敦叛乱最终失败，但并未动摇琅邪王氏在朝中的地位，王导仍旧是宰相。

　　东晋存在的100余年间，有数位将领组织北伐，想要收复中原故土，祖逖是其中的代表。祖逖是成语故事闻鸡起舞的主角，据说他每日鸡鸣时便会起床练习剑术。当时，司马睿刚刚在江东立足，对北伐有心无力，只封给祖逖一个"奋威将军"的名号，让他想办法自己招兵买马。祖逖率领南迁流民渡江，很快便组织了2000多人的队伍，成功收复了黄河以南的部分故土。但由于缺乏后援，加之东晋朝廷内部倾轧严重，祖逖北伐无果而终。东晋中期，北府兵组建，成为东晋政权抵御胡人南下的核心军事力量。东晋后期，北府兵大将刘裕再次北伐，取得了显著的成果，黄河以南地区尽入东晋版图。

　　凭借着北府兵的力量，刘裕在东晋声望日隆，逐渐权倾朝野。公元

---

① 出自《资治通鉴·晋纪》。帝（晋元帝）脱戎衣，着朝服，顾而言曰："欲得我处，当早言！何至害民如此！"又遣使谓敦曰："公若不忘本朝，于此息兵，则天下尚可共安。如其不然，朕当归琅邪以避贤路。"

420年，刘裕篡晋自立，国号为宋，史称"刘宋"。从刘宋开始，南方进入了篡权的循环。160多年的时间里，先后篡权演变出了宋、齐、梁、陈4个政权，后世统称为"南朝"。南朝时期，士族一心享受生活，不思进取，也不追求武功，逐渐走向衰落。而寒门庶族因出任将帅和掌管机要，开始兴起。皇权也因此得到加强。

东晋与南朝，再加上之前的孙吴，6个朝代的首都皆在建康，所以南京又有"六朝古都"之称。这些政权虽然偏安江南，但都偏安得很认真，这使得南方经济迎来了300年的大开发时期。中华文明勃兴于北方黄河流域，而后的近3000年里，北方始终是全国经济的重心，到了秦汉时期，北方经济依旧甩南方好几条街。随着六朝对江南的开发，北强南弱的经济格局才开始发生改变。

在此期间，江南经济大开发得益于三点因素。首先，仰赖北方人口的南迁。据不完全统计，当时约1/8的北方人跑到了江南，占南方人口的1/6。这些南迁的人被称为"侨人"，他们不仅是优质的劳动力，还带去了先进的生产技术，成为经济大开发的原动力。其次，江南安定的社会环境是经济大开发的保障。虽然东晋时期皇权衰微，南朝时期篡权现象频发，但这些都是统治阶层内部的权力争斗，对民众而言，皇帝只是换了个姓而已，社会上并没有战乱。南方大体维持了稳定，并不像北方那样战乱不休。最后，南方自然条件优越，这是江南经济大开发的先天基础。江南的气候温暖湿润，河网密布，很适合发展农业。大量水利工程在此时兴建，曾经"洪涝频发"，现在"水田密布"，水稻种植面积大幅度增加，水稻种植技术也由原来的直播变成了育秧移栽，大大提高了秧苗的存活率与水稻的产量。江南还普遍实行稻麦兼作，五岭以南地区还出现了双季稻。那时的江南，是一片希望的田野，"荆扬晏安，户口殷实""江南之为国盛矣"是对江南社会的真实写照。江南经济大开发，使南方的经济赶了上来，南北方的经济趋于平衡，为后世经济重心南移奠定了基础。

为了鼓励北方人口南迁，东晋推出了许多优待政策。北方人口多以家族为单位组团南迁，初到江南，东晋政府为他们设置了侨置郡县，让这些侨人聚居在一起，任命其中的大族长为长官。侨置郡县多以侨人的故乡命名，只在前面加个"南"字以示区分，比如南徐州、南琅邪郡、南临沂县等。世界史上，移民新大陆的欧洲人采取了类似的做法。比如纽约（New York）原意为"新约克"，名字就源于英国本土的约克郡（Yorkshire）。侨人初到江南，户籍会被登记在白纸上，称为白籍[①]。不同于江南本地人的黄籍，白籍民众除了田租外，免除其他赋役。除减免赋税外，侨人中的士族还能保持原有的特权。

南迁士族还利用自己的文化优势影响了南方的文化形态。一个突出的表现，就是汉语语音的变化。汉朝时，洛阳是文化中心，汉语的标准音是洛阳太学里读书的声音，被称为"洛阳音"。这种语音被认为最文雅、最好听、最标准，是那时的官方普通话。东晋时期，南迁的人口将洛阳音带到了江南。江南的原住民听到洛阳音后，瞬间就陶醉了，盛赞它发音动听，随之而来的是模仿热潮。南迁的士族谢安，出身于陈郡谢氏。他能用标准的洛阳音读书，被称为"洛下书生咏"。建安的原住民争相模仿谢安的发音，甚至连他因鼻炎而特有的鼻音也一起学了去。语言的影响是双向的，洛阳音也受到了建安本地吴语的影响，最后融合出一种全新的"金陵音"（金陵即建安）。今天，南京方言和周围地区的方言明显不同，其发音更接近普通话，这也是历史上当地使用金陵音带来的影响。于中华文明而言，人口南迁也是一场深刻的文化迁徙。

古人重视衣冠服饰，认为这是文明礼教的标志。东晋前后的人口南迁，将正统的中原文化带到了南方，后世称这场人口南迁为"衣冠南渡"。东晋与南朝，虽然偏安南方，但代表了中华文化的正统。在后人眼里，多将东晋与南朝看作当时的正统王朝。

---

① 东晋政权稳定后，逐渐把南迁侨人纳入黄籍，此举称"土断"。

建康

衣冠南渡——中原政权与中华文明的南迁

57

五胡纷争十六国
前秦淝水跑得快

五胡十六国

西晋灭亡后，北方进入了十六国时期。这期间，各民族建立了20多个政权，其中有存在感的是16个。这些政权有先有后，有的同时存在，彼此割据与混战了100多年。

十六国时期的政权演变过程极其复杂，有一个简便的记法，叫作"五凉、四燕、三秦、二赵、夏、成汉"。"五凉"，是指国号为"凉"的政权有5个，分别是前凉、后凉、南凉、北凉、西凉。是不是瞬间感觉很"凉凉"？更"凉"的是，"五凉"的建立者还分别属于4个民族。国祚最长的，是汉人建立的前凉，立国近60年。氐族人建立的后凉，鲜卑人建立的南凉，立国都不到20年。北凉最奇葩，42年里换了仨皇帝，一个汉人俩匈奴人。西凉由汉人李暠建立，立国21年。李暠出身于士族陇西李氏，这个家族可谓是"千年老李"。其上可追溯到汉朝名将李广，其后又有唐朝建立者李渊，"千年"的真假倒也难证。

在十六国初期，"二赵"实力最强。前赵建立者刘渊，是一个汉化了的匈奴人。东汉初期，匈奴分裂为南、北两部。北匈奴继续与汉朝为敌，南匈奴则选择了归附，并迁居到长城以内。曹魏时期，南迁的匈奴人已经高度汉化，刘渊便是其中的代表。他熟读儒家经典，文武兼备。晋武帝很喜欢刘渊，想重用他，却被大臣以"非我族类，其心必异"为由劝阻。后来，刘渊接替父职，并出任匈奴左部帅，相当于匈奴自治州的长官。刘渊执法严明，奸佞不敢横行。他还仗义疏财、以诚待人，结交了不少豪杰和士人。八王之乱时，刘渊趁机起事，自立汉国。因祖上与汉朝皇室长期通婚，刘渊自称"汉王"。公元310年，刘渊病死，其子刘聪杀兄自立。就是这个刘聪，在公元316年灭亡了西晋。两年后，刘聪病死，刘渊的侄子刘曜又夺权继位。刘曜将国号从"汉"改为"赵"，史称"前赵"，又称"汉赵"。

不久，刘渊的旧将石勒反叛自立，国号也用"赵"，史称"后赵"。公元329年，石勒灭前赵，成为中原实力最强的政权。石勒出身羯族，不识字，但很喜欢读《汉书》。于是他让汉族官员读给他听，就像人工点读机一样，想听哪里点哪里。石勒听书时善于思考，听到刘邦实行分封制，直言此举将会误国，足见其政治头脑。石勒治国尚可，后赵的税赋低于西晋，民众负担有所降低。石勒死后，侄子石虎篡位。石虎是史上有名的恶魔皇帝，不仅好色，而且嗜杀。他杀光了石勒的妻妾与子孙，还杀了自己的两个儿子。石虎治国用严刑苛政，民众备受折磨。石虎死后，他的养孙冉闵篡权自立。冉闵是汉人，对胡人大开杀戒，屠杀了20万赵地羯人。公元352年，冉闵被前燕所杀。

前燕是鲜卑族慕容部建立的政权。鲜卑人的祖先生活在东北地区，有观点认为西伯利亚之名就源于发音相似的"鲜卑利亚"。魏晋时期，鲜卑族有多个部落，慕容部生活在东北的辽河流域。中原混乱之际，慕容部也先后建立了4个政权。因他们的核心疆域在战国时的燕国旧地，所以国号皆为燕。东北人似乎自古就很能打仗，前燕经常把后赵按在地上摩擦。蚕食了后赵领土后，前燕的疆域逐渐扩张到中原的东部。

前燕扩张的同时，氐族人苻健建立了前秦。到第三代皇帝苻坚时，前秦迅速"逆袭"。苻坚推行汉化改革，由汉人丞相王猛主持。经济上，效仿中原政权，重视农业，劝课农桑；政治上，缓和民族矛盾，恢复士族的地位，争取汉人上层社会的支持；思想上，摒弃胡人的彪悍风气，提倡儒学，重视文教。为了推行改革，苻坚以铁腕手段打击氐族保守势力。有个氐族贵族反对改革，扬言要杀掉王猛。苻坚得知后，大骂"必须杀此老氐"，然后将他杀了。前秦崛起后，先灭前燕，后降西羌，统一了北方。随后，苻坚又南下攻占四川，对东晋形成了包围之势，实现了"三分天下有其二"。苻坚还想灭掉东晋，实现天下一统。

然而，对于灭晋这件事，王猛极力反对。临终前，王猛留下遗言："晋虽偏安吴越之地，但毕竟是华夏正统。睦邻友好，是国之荣幸。老臣死后，愿陛下不要举兵伐晋。前秦的肘腋之患，是鲜卑和西羌，陛下要慢慢除掉它们，以安定江山。"[①]人之将死，其言也善。可处于巅峰时期的苻坚，没有把王猛的劝告听进去，自信地认为东晋是"垂亡之国"，不足为惧。

公元383年，苻坚纠结各族兵马80余万，号称"百万大军"，南下伐晋。他恐吓东晋，说前秦军队把马鞭扔进长江里，都足以使其断流。东晋宰相谢安临危不乱，派弟弟谢石指挥精锐的北府兵8万人迎战。双方军队对峙于淮河支流淝水。开战后，晋军让前秦军队后撤一些，以便晋军渡河决战。苻坚同意了，他心里打着小算盘，准备在晋军渡河渡一半时偷袭。可是晋军的算盘打得更溜，前秦军队刚一后撤，晋军特务就在前秦军阵后大喊：秦军败了！大家快跑啊！前秦军队的民族成分复杂，并不都想为氐族卖命。一听"快跑"，大家撒腿就跑，生怕跑慢了被俘。瞬间，前秦军队大溃败。淝水之战，晋军以少胜多，不仅延续了自己的政权，还加速了前秦的倒台。前秦灭亡后，北方又陷入了五胡大混战中。

人生在世，有高峰，也有低谷。智者在逆境时能看到希望，在顺境时能保持清醒。在这一点上，曹操可谓智者，即便权倾朝野，却依然把皇袍当"内衣"穿，不做时机不成熟的事。苻坚显然不智，非要把万千荣光都在此生实现。最后功败垂成，皇袍也被撕碎，连"内衣"都穿不成了。

[①] 晋虽僻陋吴、越，乃正朔相承。亲仁善邻，国之宝也。臣没之后，愿不以晋为图。鲜卑、羌虏，我之仇也，终为人患，宜渐除之，以便社稷。（《晋书·载记》）

谢安临危不乱，晋军在淝水之战中大败前秦

58

拓跋魏统一北方
孝文帝汉化改革

北魏的统治

中华文明自古多元一体，文明的源头汇聚于四方，后世的发展由多民族共同发力。历史上，少数民族曾三次入主中原。先是十六国与北朝时，后是辽金元时，最后是清朝时。入主中原后，少数民族要融入农耕文明社会，就要实行汉化改革。历史上的汉化改革，数北魏孝文帝改革最为有名。

北魏是鲜卑族拓跋部建立的政权。十六国中的"四燕"，是鲜卑族慕容部建立的。拓跋与慕容，是同一民族的两个部落。拓跋部是鲜卑族中位置最靠东北的一支，原本生活在大兴安岭附近[①]。拓跋部的祖先是秦汉时期的东胡人，当年曾和匈奴死磕。匈奴迁走后，拓跋部迁居到阴山地区的匈奴故地。前秦统一北方时，拓跋部也被征服。淝水之战前，拓跋部支持苻坚伐晋。他们并不是想看到前秦一统天下，而是期待苻坚出事，自己好趁乱搞事情。淝水之战后，前秦土崩瓦解，北方再次陷入分裂，十六国的历史大戏随之进入下半场。战后不久，拓跋部首领拓跋珪建立了北魏，后来他将首都定在平城（在今山西大同东北）。公元439年，北魏第三代皇帝拓跋焘统一北方，彻底结束了十六国的历史。以此为标志，北方进入了北朝时期，与南方的南朝对峙，合称为南北朝。

早在统一北方之前，北魏就开始了汉化改革。经济上发展农业，文

[①] 1980年，内蒙古鄂伦春自治旗发现的嘎仙洞遗址就是史书《魏书》记载的拓跋部发祥地。

化上推崇儒家，政治上加强与汉人士族合作。为了笼络汉人士族，北魏搞了一个"宗主督护"制度，承认豪强大姓在地方的领导地位，让他们充当北魏基层统治的代理人，负责户籍管理和赋税征收等事宜。这种胡汉合作的策略，加速了北魏的发展，也促进了鲜卑族的汉化。然而，拓跋部在五胡中是入塞最晚的，游牧民族风气较重。比如在官制上，北魏官员没有俸禄，因为游牧民族以劫掠为业，不需要俸禄。入主中原后，战争减少了，没法劫掠了，官员没有收益，就转而贪腐。这导致北魏吏治腐败，农民起义不断。为了适应中原内的治理模式，北魏需要更深层次的汉化改革。在这一背景下，北魏孝文帝改革开始了。

孝文帝本名拓跋宏，是北魏的第七代皇帝。他5岁时即位，在位初期，由奶奶冯太后临朝称制。冯太后出身北燕皇族，辅佐了三代北魏皇帝，是个铁腕式的开明领导人。孝文帝改革的前半段，正是由冯太后实际主持的，主要内容是推行了三大汉化制度。

一是俸禄制。朝廷给官员发放固定的俸禄，严禁再贪腐，贪一匹绢就会被判死刑。与此同时，还推行了地方官的政绩考核制度，对官员实行优胜劣汰。从此，北魏吏治逐渐清明。

二是三长制①。宗主督护制度下，基层由汉人豪强大姓管理。这些豪强就像中间商一样，在为朝廷代理的同时，自己也大捞好处。改革后，宗主督护制度被废除，朝廷设置三长作为基层官员。三长直接对朝廷负责，告别"中间商赚差价"，既提高了朝廷收入，也加强了对地方的管理。

三是均田制。这是一种按人口分配土地的制度，北魏均田制规定：15岁以上男子，政府授予露田40亩，初受田男子另给桑田20亩；妇女授予露田20亩。露田，民众仅有使用权，死后要交还官府；而桑田则是民众世业私有的土地，可世代相传。获得土地后，每户家庭每年要给国家交一匹帛，称为"调"；还要交两石粟，称为"租"。均田制顺应了北

---

① 五家划为一邻，设一邻长；五邻划为一里，设一里长；五里为一党，设一党长。三长的职责是检查户口、监督耕作、征收租调、征发徭役和兵役。

孝文帝和冯太后开创了汉化改革新局面

方人口减少、存在大量无主荒地的现实情况，既推动了荒地开垦和农业生产，又使农民获得了土地，且没有侵夺地主的土地，实现了一举多得，堪称完美。

公元490年，冯太后去世，23岁的孝文帝亲政。由于自幼受奶奶的熏陶，孝文帝对汉文化崇拜得五体投地。他亲自主持的汉化改革更为激进，谋求将鲜卑族彻底汉化。

首先，孝文帝将首都从邻近草原的平城迁到了洛阳。洛阳是中原文化的核心区域，迁都于此，有利于鲜卑民族接受汉文化的洗礼。迁都还可以把反对改革的鲜卑贵族踢出政治中心，让他们在平城自行没落。随后，孝文帝推行了全面的汉化措施。以汉服取代鲜卑服，将胡服的左衽改为汉服的右衽。以汉语取代鲜卑语，朝中30岁以下的官员，必须讲汉语，否则就会被免官。以单音汉姓取代鲜卑复姓，孝文帝躬亲示范，自己改姓为元，拓跋宏变成了元宏。孝文帝还模仿中原士族的门第制度，对鲜卑人"定姓族"，划分门第等级。他还鼓励高门第的鲜卑人与汉人士族通婚，谋求血统上的汉化。孝文帝依旧以身作则，士族崔、卢、李、郑四大家族，他各娶了一个女子，鲜卑皇室血统由此变成了胡汉混血。孝文帝的汉化改革遭到鲜卑保守派的抵制，他们在平城发动叛乱，结果被孝文帝无情地镇压。太子卷入其中，也被孝文帝处决了。孝文帝用铁腕保证了汉化改革的全面推进。

北魏孝文帝改革促进了胡汉融合，有利于民族交融，加速了鲜卑族的文明进步。可是从中立的视角看，这个改革也的确有些激进，并未照顾到鲜卑族的民族特性。最终其结局也有些尴尬，改着改着，就把鲜卑族改没了。隋唐之后，鲜卑族消失了。也许，这种尴尬正是游牧民族征服者的历史宿命。靠马可以打天下，但治天下得靠文化，文化才是最后的征服者。胡运不过百，过百变汉人。

59

六镇之乱分北魏
关陇集团起武川

东魏与西魏

孝文帝改革后，北魏全盘汉化，这触动了许多鲜卑旧贵族的利益。其中，驻守北方六镇的鲜卑军人最为不满。孝文帝死后，六镇军民发动了反汉化的叛乱，导致北魏分裂。

北魏前期的都城在平城，它临近北方的草原。草原曾是鲜卑的故乡，鲜卑入主中原后，那里被柔然人占据了。柔然也是一个游牧民族，能征善战，对北魏构成了巨大威胁。《木兰诗》中，鲜卑可汗点兵征讨的敌人便是柔然。为了防御柔然，北魏在临近平城的北方边境地区设立了6个军镇[①]。镇民多是鲜卑人，由贵族统领。他们的地位很高，可以优先入朝为官，成了军事贵族。孝文帝改革后，六镇军人的地位急剧下降。特别是迁都洛阳后，南迁贵族迅速汉化，政治上享尽尊荣，这给六镇军人带来了更大的落差感。在南迁贵族眼里，六镇军人是汉语都说不明白的土包子。因此，他们倍受鄙视和排斥。孝文帝死后，愤恨的六镇军人发动了叛乱，史称"六镇之乱"。这场叛乱最后虽被镇压，但北魏也被折腾废了。后来，两个六镇军阀分裂了北魏。这两个军阀，一个叫高欢，一个叫宇文泰。

高欢祖上是汉人，常年生活在六镇，已经高度鲜卑化。六镇之乱中，高欢收编了六镇军民20万人，凭此控制了北魏朝廷。高欢拥立北魏孝武帝，孝武帝不满他专权，逃离了洛阳。高欢就索性换了个皇帝，并

[①] 自西而东为沃野、怀朔、武川、抚冥、柔玄、怀荒六镇。

252

迁都邺城,建立了东魏。孝武帝逃到了长安,投奔了关中军阀宇文泰。不久,孝武帝被宇文泰毒杀,宇文泰又立了新皇帝,建立西魏。就这样,北魏分裂成了东魏与西魏。两魏的皇帝都是拓跋(元)氏,但实际的掌权者是高欢和宇文泰。10多年后,两位军阀的儿子篡权称帝。东魏变成了北齐,西魏变成了北周。历史上的北朝就包含北魏、东魏、西魏、北齐、北周5个政权。两魏对峙初期,东魏实力更强,但东魏的民族矛盾比较尖锐,胡汉对立严重。相比之下,西魏的民族融合得比较好,国力后来居上。

宇文泰世居六镇中的武川镇,靠武川镇军阀支持而起家。西魏初期,宇文泰设置了"八大柱国"[①],其中有5人出自武川镇军阀。八大柱国既是贵族,也是军事领袖。他们每人下辖两个大将军,每个大将军又下辖两个开府将军。所谓"开府",就是开设军府招募士兵的意思。每个开府将军可招募士兵1000人左右,称为"一军"。算下来,每个柱国可统兵约4000人。为了保证兵源,宇文泰将招兵和均田制结合起来。农民获得了国家均田的土地,就有义务给国家当兵。这个开府招兵的制度,后世称之为"府兵制"。府兵农忙时务农,闲时训练,战时出征。府兵全家纳入军籍,无须承担其他赋役,但出征时的武器装备需要自备。就像《木兰诗》中写的那样,出征前要"东市买骏马,西市买鞍鞯"。府兵制实现了兵农合一,既保证了兵源,又不增加财政负担。另外,鲜卑贵族的地位也从中得到了保证。

宇文泰的民族政策比较灵活,广泛吸纳胡汉各族人士进入统治集团。府兵将领中,既有鲜卑人,也有汉人。为了照顾六镇军阀的反汉化情绪,西魏出台了一个折中办法:汉人若想要进入军队高层,必须改汉姓为鲜卑姓。如柱国李虎,鲜卑姓为大野氏。对于这样表面胡化的改变,汉人倒也能接受。表面胡化的同时,西魏却用汉法治国。按照《周礼》的官名改革官制,模仿《尚书》文体发布文告,以此标榜中华正统。与孝文帝的全盘汉化不同,宇文泰找到了胡汉融合的中间点,对过

[①] 八大柱国中,宇文泰是高于其他人的实际掌权者,宗室元欣则是装点门面的柱国。除去二人,实际领兵的是六大柱国。

宇文泰和高欢，两人是一生的宿敌

度的汉化政策进行了回调，让各方都能接受。慢慢地，西魏形成了一个胡汉结合的统治集团，他们以武川镇军阀为核心，以关陇地区的胡汉贵族为基础，近代学者陈寅恪称其为"关陇集团"。

相传，北魏时有个精于相面的术士路过武川镇，他惊讶地发现：镇上的人多有帝王之相。术士怀疑自己的技术出了问题，郁闷地烧掉了所有相书。后世的历史证明，这个术士看得很准。以武川镇军阀为核心的关陇集团，后世出了多位帝王，开创了西魏、北周、隋、唐4个朝代，主导了中国历史数百年。这个集团有如此大的历史影响力，在于胡汉融合得比较好。他们通过政治联姻结成利益共同体，经久不衰。比如柱国独孤信，他战功卓著，身兼数职，光是印章就14面有印文[①]。独孤信长得还很帅，人送外号"独孤郎"。他有7个漂亮女儿，是关陇集团内部争相追求的联姻对象。他的大女儿嫁给了宇文泰的儿子，后来成了北周皇后。他的四女儿嫁给了柱国李虎的儿子，生下了李渊，后来被追认为唐朝皇后。他的七女儿嫁给了大将军杨忠的儿子杨坚，后来成为隋朝开国皇后。三个女儿都成了皇后，独孤信堪称"史上最牛老丈人"，足见关陇集团的凝聚力和影响力。

相比于南朝士族门阀政治的僵化，北朝的关陇集团更具活力。他们在文化上汲取汉族文明，军事上承袭胡人尚武风气。胡汉结合，能文能武。这不仅紧扣南北朝民族融合的时代命题，还为后来包容开放的隋唐盛世定下了历史基调。公元577年，北周灭掉了北齐，北方再次实现了统一。大分裂的中国历史，越过北朝这一关口，悄然地向统一迈进。

---

① 西魏独孤信多面体煤精（煤玉）组印。1981年出土于陕西旬阳县（即今旬阳市），该印高4.5厘米，宽4.35厘米，呈多面体，共8棱26面。其中有14个印面镌刻印文，分别为"臣信上疏""臣信上章""臣信上表""臣信启事""大司马印""大都督印""刺史之印""柱国之印""独孤信白书""信白笺""信启事""耶敕""令""密"。

60

放飞自我修玄学
魏晋士人有风度

魏晋南北朝的文化与科技

魏晋南北朝时期，政权更替频繁，社会剧烈动荡。聚散离别转眼事，生死只在一瞬间。在残酷的社会现实面前，知识分子无力再兼济天下，选择了彻底躺平。他们感叹生命的短暂与脆弱，进而追求个体的释放。张扬个性，放浪形骸，成为那个时代士人的普遍价值观。

曹魏时期，玄学兴起，这是继两汉经学之后的思想新潮流。起初，玄学用道家理论去解读儒家思想，认为道家的"无"是自然界之根本，儒家的"名教"（伦理纲常）强调尊卑伦理秩序，这是人为的"有"。"无生有"，所以自然是本，名教是末。此时的玄学，虽推崇自然为"本"，但也不否定被视作"末"的名教。到了曹魏后期，玄学变得激进，开始以本否定末，以无对抗有，彻底否定儒家的名教。他们认为名教伦理是人性的枷锁，主张"越名教而任自然"。这种激进的转变，源于现实政治的刺激。司马氏篡权，礼乐名教成了司马氏党同伐异的政治工具。崇尚玄学的士人看透了现实政治的虚伪，对名教大加挞伐，实际上是在批判司马氏政权。既然无力改变，那就放飞自我，远离政治，放纵不羁爱自由。有7个玄学代表人物，因为他们经常聚在竹林里饮酒纵歌，人送雅号"竹林七贤"。七贤之一的阮籍，他虽然被迫出仕，但并不与司马氏同流合污。司马昭欣赏他的才华，想和他联姻，被他连醉60日搪塞过去。七贤之一的嵇康，干脆拒绝出仕，明确表达了不合作态度，还对名教大加批判，影射司马氏政权。最终，嵇康被司马昭杀害。这种精神自由、清俊通脱、不畏权贵的风骨，被后世称为"魏晋风度"。

后来的玄学家，不谈国事，只专注于一些高深莫测、玄而又玄的东西。他们普遍沉溺于三件事——抬杠、喝酒、嗑药。抬杠在当时被称作"清谈"，不同于今天的无脑"杠精"，士人抬杠很注重修辞和逻辑，更像今天的辩论。清谈的方式比较灵活，可以两人主客对谈，"主"提出观点，"客"进行反驳。也可以一主多客或一客多主，玩个舌战群儒。还有的自问自答，自我表演。清谈时，手里还要拿着麈尾①，看上去仙气飘飘。后世说魏晋士人"清谈误国"，着实是误解。当时的国完全被政治骗子操控，士人哪有资格去误国？实际上，清谈极富思辨精神，有学者称清谈之风为"中国古代的文艺复兴"。士人的第二大爱好是嗑药，吃一种叫"五石散"的药。药里有硫黄、白石英等矿物质。吃完药，或精神恍惚，或兴奋异常，要通过暴走来散发体热，"散步"一词由此而来。士人的第三大爱好是喝酒，既能醉生梦死以酒浇愁；还能酒后吐狂言，发泄不满。七贤之一的刘伶，走到哪儿喝到哪儿。他还让仆人随身带着锄头，以便自己喝死了就地掩埋。

到了东晋，魏晋风度被士族继承，王羲之便是其中的代表。出身琅邪王氏的王羲之，是王导的侄子。当年，太尉郗鉴想与王家联姻，就派管家到王家选婿。王家男孩个个梳洗打扮，唯有王羲之靠着东床"葛优躺"，不仅袒胸露腹，嘴里还吃着饼，完全没把选婿当回事。管家回去如实汇报，郗鉴就选了王羲之为自己的"东床快婿"，因为他荣辱不惊、个性放达、不攀不附，最具士人风度。王羲之后来官至右军将军。可他性格率直，并不适应官场的钩心斗角，一心在艺术中寻求自我。50岁那年，王羲之参加了一场酒局。那天是上巳节，42位士人在会稽山的兰亭聚会。大家玩起了曲水流觞的游戏，痛快豪饮，写下了37首诗。这些诗合成了诗集《兰亭集》，喝上头了的王羲之现场为诗集作序，这便是不朽的《兰亭集序》。这篇文章凝结了王羲之对人生的终极思考。荣光短暂，转瞬即逝，尽管此时相聚甚欢，但人终究会死去。死生亦大，

---

① 一种驱虫、掸尘的工具，清谈士人身份的象征。柄上有兽毛，看上去像是羽扇和鸡毛掸子的结合体。

永和九年歲在癸丑暮春之初
會于稽山陰之蘭亭脩禊事
也群賢畢至少長咸集此地
有峻領茂林脩竹又有清流激
湍暎帶左右引以為流觴曲水
列坐其次雖無絲竹管弦之
盛一觴一詠亦足以暢敘幽情
是日也天朗氣清惠風
和暢仰觀宇宙之大俯察
品類之盛所以遊目騁懷足以
極視聽之娛信可樂也夫人之相與
俯仰一世或取諸懷抱悟言
一室之內或因寄所託放浪形骸
之外雖趣舍萬殊靜躁不同當其欣
於所遇暫得於己快然自足不
知老之將至及其所之既倦情
隨事遷感慨係之矣向之所
欣俛仰之間以為陳迹猶不
能不以之興懷況脩短隨化終
期於盡古人云死生亦大矣豈
不痛哉每攬昔人興感之
由若合一契未嘗不臨文嗟悼不
能喻之於懷固知一死生為虛
誕齊彭殤為妄作後之視今
亦由今之視昔悲夫故列
敘時人錄其所述雖世殊事
異所以興懷其致一也後之攬
者亦將有感於斯文

"書聖"王羲之與"天下第一行書"《蘭亭集序》（圖中書法作品為趙孟頫摹本）

一切都只是过眼云烟。《兰亭集序》不仅是文学佳作，也是书法名篇，被誉为"天下第一行书"。《兰亭集序》的真迹在唐朝就失踪了，可能给某位皇帝做陪葬品了。我们今天看到的多是唐人冯承素的临摹本。这个摹本采用"双钩法"①临摹，极为逼真。即便是摹本，清朝的乾隆帝看了依旧爱不释手，还在上面疯狂盖章"打call"。

魏晋士人沉浸于玄学，普罗大众则靠佛教寻找精神寄托。魏晋南北朝时期佛教大盛，佛教绘画与佛像石窟艺术空前发展。在乱世中，一些知识分子关注苍生，在动荡中总结生存的技能。北朝的贾思勰，生活在北魏孝文帝时期，当时的汉化改革对农业十分重视。后来，贾思勰当了太守，每到一地，他就注意总结当地的农业生产技术，最终写成了《齐民要术》一书。这部农业科学著作不仅记录了田间地头的农业生产技术，还收录了许多食品加工方法，如酿酒、制盐、做酱、造醋、做豆豉，甚至还教你如何炒鸡蛋，堪称"生活妙招大百科"。与贾思勰同时期的还有一位南朝的数学家，名叫祖冲之。他将圆周率精确到小数点后第7位，还创制了当时最先进的历法——《大明历》。

魏晋南北朝，多事之秋。那个时代的知识分子，以不同的方式关爱生命、注视天地。思想家和文学家，体察人性之关怀，为天地立心；科学家与农学家，探究自然之奥秘，为生民立命。最让后世钦佩的，是魏晋士人的风骨，他们精神独立，个性解放，敢于放飞自我，能够活成自己想要的样子。

---

① 用线条钩出所摹的字笔画的四周，构成空心笔画的技法。

© 中南博集天卷文化传媒有限公司。本书版权受法律保护。未经权利人许可，任何人不得以任何方式使用本书包括正文、插图、封面、版式等任何部分内容，违者将受到法律制裁。

图书在版编目（CIP）数据

历史这么有意思 / 讲历史的王老师著 . -- 长沙：湖南文艺出版社，2023.3
ISBN 978-7-5726-0956-5

Ⅰ.①历… Ⅱ.①讲… Ⅲ.①中国历史—古代史—通俗读物 Ⅳ.① K220.9

中国版本图书馆 CIP 数据核字（2022）第 228584 号

上架建议：畅销·历史

LISHI ZHEME YOUYISI
历史这么有意思

著　　　者：	讲历史的王老师
出 版 人：	陈新文
责任编辑：	匡杨乐
监　　制：	秦　青
特邀编辑：	列　夫　盛　柔
营销编辑：	王思懿
封面设计：	崔浩原
版式设计：	余　雷
插画绘制：	王艺潼
出　　版：	湖南文艺出版社
	（长沙市雨花区东二环一段 508 号　邮编：410014）
网　　址：	www.hnwy.net
印　　刷：	三河市中晟雅豪印务有限公司
经　　销：	新华书店
开　　本：	680 mm×955 mm　1/16
字　　数：	215 千字
印　　张：	16.25
版　　次：	2023 年 3 月第 1 版
印　　次：	2023 年 3 月第 1 次印刷
书　　号：	ISBN 978-7-5726-0956-5
定　　价：	58.00 元

若有质量问题，请致电质量监督电话：010-59096394
团购电话：010-59320018